은혜가 풍년인 여자

은혜가 풍년인 여자

- 초판1쇄 발행 2015년 10월 24일
- 지은이 김명란
- 펴낸이 정종현
- 펴낸곳 도서출판 누가

- 등록번호 제20-342호
- 등록일자 2008. 8. 30.
- 주소 서울시 강서구 염창동 282-19 현대아이파크상가 B 102호
- 전화 02-826-8802 팩스 02-826-8803

- 정가 11,000원
- ISBN 978-89-92735-81-0   03230

은혜가
풍년인
여자

도서출판

누가

"은혜가 풍년인 여자" 제목부터 어떤 내용일까 궁금하기도
하고 조심스럽게 추천서를 써 달라는 집사님의 말씀에 한 장
두 장 넘겨보니 평범한 생활 속에서 자신의 이야기로 거짓 없
이 써내려간 글을 발견하게 되었습니다. 때로는 가슴 벅차게,
때로는 눈물을 머금고 읽었습니다. 우리 교회의 평범한 집사님
들의 일상을 보는 듯하였습니다.

오늘날 대부분의 사람들은 SNS, 개인 홈페이지, 블로그 등을
통해 수많은 익명의 대중과 자신의 일상과 생각들을 공유하고
있습니다. 그리고 우리는 과거 그 어느 시대보다 '자기에 대한
글쓰기'가 빈번하게, 그리고 공공연하게 이뤄지고 있는 시대에
살고 있습니다. 왜냐하면 자기 스스로 자기를 자랑하고 나타내
어야만 알아주는 시대를 살기 때문입니다.

이 책은 자기를 나타내고 알리는 글이 아니라 일상생활의 소
박한 글이 담긴 책입니다. 그리고 그 안에서 동행하시고 일하
시는 하나님의 모습을 잔잔하게 잘 표현하고 있어 독자로 하여
금 하나님의 살아계심을 간접적으로 경험하게 되는 참 좋은 책
입니다.

수많은 사건을 통하여 감사할 줄 알고 그 모든 일들을 통하여 하나님이 나와 늘 동행하시고 나를 위해 일하시는 모습을 잔잔하게 잘 표현하기도 했고 주부로서, 엄마로서, 신앙인으로서 자신의 모든 일을 보여주는 용기에 찬사를 보냅니다.

　또한 이 책은 하나의 단편 소설처럼, 때로는 시로 부담 없이 읽을 수 있습니다. 그럼에도 불구하고 삶 속에서 나타난 하나님의 사역을 잘 그려내고 있습니다. 성공해서 잘 살고 있다가 아니라 어떠한 상황 속에서도 함께 하시는 하나님을 삶을 통해 잘 표현하고 있습니다.

　오늘날 많은 사람들이 SNS와 블로그 등에서 짧은 글로 자신을 표현하는 3초 시대에 살고 있다고 하지만 이렇게 평범한 주부로 훌륭한 글을 쓸 수 있다는 것에 참 감사하고 많은 사람들에게 더 많은 영향력을 끼치는 좋은 글을 많이 써 하나님의 풍성한 은혜를 많이 나누어 주기를 바랍니다.

사랑스러운교회 담임목사 배만석

신앙을 간증한다 하면 우리는 죽었다 살아난 이야기나 가난했던 역경을 딛고 큰 부자가 된 이야기나 성령을 체험한 기적적인 이야기 등 인생의 역전된 큰 이야기들만을 생각하게 되고 또 그러한 글들을 많이 읽어 왔다. 더욱더 강력한 뭔가를 기대하고 있는지도 모르겠다.

많은 것을 배우지 않았고 많은 것을 소유하지 않았으며 큰 직분을 지니지 못한 평범함보다도 어쩜 더 보잘 것 없을 수 있는 성도가 어느 날부턴가 하나님 아버지를 사랑하는 삶을 한 권의 책을 통해 많은 사람들과 나누는 것이 꿈이 되었고 그 꿈을 위해 기도하다가 결국 책을 출판하게 되었다.

날마다 나와 함께하시는 하나님! 그 하나님을 마음 한복판에 모시고도 삶과 형편에 따라 시시각각 내 맘과는 다르게 내 속에서 자꾸 일어나는 나약함과 두려움들이 얼마나 많았는가를, 그럼에도 불구하고 변함없이 함께 하시는 하나님의 은혜와 감격이 얼마나 풍성한가를 찾아볼 수 있는 동기를 부여하고 싶다.

때론 믿음 없는 마른 막대기 같은 일상을 살고 있는 지극히 평범한 우리들의 삶을 함께 공감하고 인정하는 그래서 더욱 바르고 분명한 신앙인으로 성장되어 그것을 감사하는 생활로 하나님 아버지께 영광 올려드리기를 소원하는 마음으로 이글을 쓰기로 결심했다.

이글을 쓰면서 가장 먼저 두 아이 기준이와 주영이가 떠올랐다. 나는 교회 일이 좋아서, 하나님 아버지가 좋아서 힘든 줄도 모르고 여기까지 감사만 하면서 왔는데 아이들은 그 안에서 '얼마나 힘이 들었을까, 또 얼마나 엄마에게 불만이 많았을까!'하는 생각이 먼저 떠올라 한동안 마음을 쓰다듬어 내렸다. 또한 늘 지방에 일로 떨어져 지내면서도 사랑하는 가정과 교회를 가슴에 품고 기도하는 남편이 떠오른다.

처음 원고를 보시고 글이 참으로 솔직하며 예쁘다고 격려해 주신 누가출판사의 대표이신 정종현 목사님과 원고 교정에 수고해 주신 출판부서의 담당자분들께 감사를 드리며 기도와 추천의 글로 힘을 주신 담임목사님과 구역식구들 또 사랑스러운 교회 모든 성도님들께 진심으로 감사드리며 이 기쁨과 모든 영광을 하나님 아버지께만 올려 드린다. 할렐루야~~

2015년 10월
사랑스러운교회 사무실에서
김명란 집사

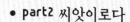

• part2 씨앗이로다

• part3 은혜로다

축복이로다

01. 목사님이 심어주신 축복의 말씀

    결혼과 함께 권사님이신 시어머님이 다니시던 교회를 섬기다 큰아이를 낳고부터 서울로 교회 다니기가 점점 어려워져 집에서 가까운 현재 섬기는 교회로 옮기게 되었다. 그때 내 나이 서른이었다.

    지금까지 교회를 다니고 예배를 드리고 또 청년부 때는 봉사도 하였지만 나는 심방이라는 것을 자세히 알지 못했고 심방을 받아본 적도 없었다. 아마도 교회를 몰랐던 우리 친정집에서는 학생 때부터 청년이 되기까지 나 혼자만 교회를 다녀서 그랬나 보다.

    청년시절 병원에 입원해 있을 때 교회 부목사님이 병문안 오신 게 다였던 것 같다. 그것이 병원심방인지도 몰랐다.

    오늘은 우리 집에서 새 가족 심방을 받는 날이라고 구역장님이 먼저 귀띔해 주셨다. 구역장이란 직분이, 구역예배란 것이 무엇인지 사실 잘 몰랐고 나에겐 생소한 말들이었다. 목사님, 전도사님, 집사님, 권사님, 장로님이라는 직분만을 알고 있는 그런 정도였다.

"구역장님 제가 무엇을 어떻게 해야 되나요?"

나는 뭘 해야 될지는 모르지만 우리 집에 오시는 목사님을 최선을 다해 맞이하고 싶은 마음은 간절했다. 그리고 찾아와 주시는 목사님이 감사하고 귀했다. 그래서 내가 할 수 있는 모든 것은 다하고 싶었다.

"식사대접 하실 수 있어요? 그냥 집에서 먹는 대로 하면 되는데요."
"집에서 우리 먹는 대로요? 네, 알겠어요. 구역장님! 준비할게요."

그때까지만 해도 다른 집에서 심방 받는 것을 구경해 본적도 없었다. 심방이 무엇인지도 잘 알지 못했던 나는 목사님이 우리 집에 오신다는 것으로만 알고 기쁜 마음으로 준비하고자 시장에 가서 조기도 사고 시금치도 사고 두부랑 조개도 사왔다. 큰애를 낳고 교회를 옮긴 지 몇 달이 안 되었고 직장생활을 그만 둔 지도 얼마 안 되었을 때다.

이것저것 많은 것을 사왔을 뿐 특별히 어떤 메뉴를 정해서 사온 것은 아니다. 그냥 눈에 좋아 보이는 대로 사온 것들이다.

드디어 예배를 드리고 준비한 저녁상을 차렸다. 남편이랑 둘이 먹던 작은 뚝배기에 두부와 조개를 넣은 된장찌개를 끓였다. 시금치 무침, 조심조심 굽다가 조금 부러뜨린 조기 5마리, 몇 번 담아본 솜씨의 겉절이 한 접시와 미리 지어 놓은 흰 쌀밥이 다다.

시장에서 이것저것 사온 것은 많았는데 할 줄 아는 것이 이랬다. 덜어 먹던 밑반찬도 있었지만 왠지 상에 올리면 안 될 것 같아 새로 만든 반찬만 올렸다. 심방대원으로 오신 분은 담임목사님과 사모님, 교구목사님, 전도사님이셨다.

그리고 구역장님 또 몇 명의 모르는 분들...

그때 당시 나야 아무것도 모르는 새댁이 손님 밥상을 차렸다는 큰 자부심이었지만 같이 오신 분들이 얼마나 당황하고 웃음을 참았을지 지금에 와서 생각하면 쥐구멍이라도 숨고 싶은 심정이다.

막내며느리가 새 교회의 목사님을 모시고 심방을 드린다고 하니 서울에서 그 당시 칠순이 넘으신 권사님이신 시어머님이 버스를 타고 급하게 오셨다. 좀 일찍 오셨으면 좋았으련만 거의 목사님이 오시기 바로 전에 간신히 도착하셨다.

밥상을 보고 당황하시기는 어머님도 마찬가지셨다. '차라리 오지나 말 것을' 하는 그 속마음을 지금에서야 헤아려 본다. 거기다 밥이 모자라 우리 식구는 식사가 끝나기만을 기다리며 속으로 침만 꼴깍꼴깍 삼키며 어렵게 옆에 앉아 있었다. 아마 모자라는 밥을 드시는 분들도 불편하기는 마찬가지셨을 것이다.

식사가 끝나기까지 말씀들이 거의 없으셨고 나는 뭐 심방이 그런 것인가 보다 했다.

그래도 그 와중에 목사님과 나눈 여러 말씀 중에 한마디는 실로 뜻밖이었다. 목사님의 말씀은 똑똑하고도 분명하게 내 가슴에 박혔다.

"권사님! 아드님 제가 교회에 데려다 쓸랍니다."
"목사님 맘대로 그라시유."

권사님이신 어머님이야 당신의 기도제목이 항상 모든 자녀들이 하나님 믿고 천국 백성 되는 것이었는데 목사님이 데려다 쓰시겠다고 하시니 얼마나 좋으셨을까 싶다.

당사자인 아들은 이제 교회 다닌 지 얼마 안 되었을 때다. 그날도 심방예배 드려야 되니 시간 맞춰 들어와야 된다고 아침 내내 질러댄 잔소리 끝에 마지못해 옆에 앉아 있는 그 아들이었다. 그럼에도 목사님은 그렇게 귀한 말씀을 심어주셨던 것이다.

어려운 식사들을 하시고 좋은 말씀도 주시고는 오래 계시지 않고 일어들 나셨다. 지금은 그때 같이 심방예배 드렸던 분들이 아무도 안 계신다. 그리고 그때 나누었던 말씀을 기억하고 계시는 분도 아무도 없을 것이다. 하나님 아버지와 나만 알고, 기억하고 있을 것이다.

이것이 20년 전에 내가 우리 담임목사님을 처음 뵙는 모습이었다. 지금까지도 하나도 변하지 않은 담임목사님을 다만 매일매일 바로 옆에서 뵙고 있다.

아들을 데려다 교회 일꾼 삼겠다고 하셨는데 정작 그 아들은 그 말을 기억조차 못하고 있지만 옆에서 그 말을 들었던 나는 한 번도 그 말씀을 잊지 않았다. 언제 남편을 데려다 쓰시나 하는 생각만 하면서 10년을 넘게 기다리며 살아왔다.

지금은 아들 대신 그 마음을 품고 있는 나를 목사님 말씀대로 데려다 놓고 쓰시고 있다. 제대로 된 밥상 하나 차려내지 못하는, 특별히 할 줄 아는 은사가 아무것도 없는, 목사님이 새 가족인 젊은 부부에게 힘을 주기 위한 듣기 좋으라고 하신 말씀일지라도, 목사님의 방문을 기뻐하고 대접하고자 하는 마음뿐이었어도, 목사님이 심어주신 말씀의 씨앗을 진지하게 똑바로 듣고 기억하고 가슴에 간직함이 목사님을 보내주신 하나님 아버지의 마음을 두고두고 흡족하게 했나 보다.

말씀을 믿고 기다리는 것이 믿음인 것을 지식적으로만 알고 있었다. 많은 시간을 보내놓고 나서야 믿음 없었음을 회개하고, 마음에 품고 기다리는 믿음을 달라고 기도하는 성도가 되었다.

성경말씀도 아니고, 하나님 아버지는 당신이 세우신 목자의 말을 무심히 흘리지 않는 순수한 영혼을 기억해 두시고 큰 은혜를 주셨다. 이제야 그것을 깊이 알게 되는 체험을 한다. 그 깨달음을 통하여 내 믿음의 방향이 달라진 것을 바라본다.

"믿음은 바라는 것들의 실상이요 보이지 않는 것들의 증거"라는 말씀이 내 마음에서 예전과는 달리 글자가 살아서 춤을 추는 것처럼, 살아 있는 피조물처럼 느껴진다.

나의 가슴은 하나님 아버지의 말씀과 담임목사님의 축복기도로 앞으로 일어날 많은 것들을 품고 있다. 앞으로도 심방예배를 드리고 교재를 나눌 때 심어주시는 축복의 말씀을 흘려 듣지 않을 것이다.

목사님 모시는 자리는 축복의 말씀이 심어지는 장소이다. 모든 심방예배는 축복의 통로가 된다는 것을 알았다. 이 단순한 진리를 깨달은 성도가 어찌 목사님 모시고 함께하는 자리를 빼앗기겠는가!

'무조건 목사님 모시는 자리는 빼앗기지 말자.'

이것이 이제는 내 삶에 가장 큰 욕심이 되었다. 그 욕심으로 하나님 아버지가 일해 나가실 것을 기대하고 꿈을 꾼다. 나의 변화되어지는 영육의 삶을 통해서 확인할 것이다. 하나님 아버지는 당신의 시간에 나의 소원을 들어주실 것을 확신한다. 그리고 그때가 가장 정확한 시간이 될 것이다.

02. 집사님은 이 일이 적성에 맞나봅니다

　아침마다 드리는 교직원 예배는 겸손함을 떠나 땅바닥에 껌딱지처럼 바짝 엎드려지게 한다. 출근해서 하루의 처음 시간을 여러 부목사님, 전도사님들과 한목소리로 교회를 위하여, 담임목사님의 목회와 사역을 위하여, 영혼 구원 등 여러 크고 작은 사역을 위하여 기도하고 회의하는 자리이다. 그 자리에 참여하고 있는 나에게는 큰 자부심이고 자랑스러움인 것이다.

　지금도 꾸어다 놓은 보릿자루마냥 감히 한마디도 못하고 앉아 있지만 나 같은 평범한 성도가 여러 교역자와 직분자들과 큰 기도제목을 놓고 함께 기도할 수 있는 일상은 그것도 매일매일 벌써 몇 년을 그렇게 지내온 것은 기적이리라.

　첫 출근 하던 날을 지금도 잊을 수 없다.

　아침예배에 참석하기 위해 교역자실인 6층으로 올라갈 용기가 나지 않아 교회 카페 큰 기둥 뒤에 숨어 아침예배가 지나가기를 기다리고 있었다. 기획실에 최봉진 목사님께서 혹시 출근을 안 했나 싶어 1층 로비에 내려와 찾으시는 것을 알고는 나가서 인사를 드렸다.

"목사님! 안녕하세요?"

"아니 집사님! 왜 여기 계서요. 빨리 올라가세요."

 가슴은 쿵쾅쿵쾅 방망이질이고 얼굴은 빨갛게 상기가 되어 감히 고개를 들지도 못한 채 자리를 찾아 다소곳하게 앉았다. 예배를 어떻게 드렸는지 정신이 하나도 없었다. 그렇게 예배를 마친 후 나를 소개하고 인사를 나누는 시간이 있어 인사를 드렸다.

 우리 1교구 전도사님과 목사님만 보아도 긴장이 되고 혹여 심방이라도 오시면 맨발로 뛰어나가 맞이하던 성도가 우리 교회 모든 교구분들이 모인 자리에 함께 동석하고 있으니 정신이 하나도 없었다.

 그해 봄부터 정해진 교회 생활이 시작되었다. 나름 빨리 적응하려고 노력하면서 하루하루 시간 가는 줄도 모르고 잘 지내고 있었다. 그래도 담임목사님은 몇 달이 지났건만 아직도 여간 어려운 것이 아니다.

 그동안 담임목사님과 가까이 할 수 있는 기회는 대심방을 통해서, 또 섬기던 주일학교 부서에서 교사들을 한 번씩 격려하며 들려주실 때 뵈었지 개인적으로 대면한 적은 전혀 없었다.

몇 번씩 사무실을 찾아주시면서 처음 하는 교회 일이 힘든 것은 없는지, 어려움은 없는지 살펴주시는 세심한 마음에 감사하면서도 한 번도 내 속마음을 말할 줄 모르는 그런 성도였다.

　그날도 지나가시면서 사무실을 찾아주셨다. 지금까지는 "네" 하면서 웃음으로 대답만 하면 되었었는데 그날은 질문이 다르셨다.

　"집사님은 이 일이 적성에 맞으시나 봅니다."
　"그때그때 그냥 하고 있습니다. ~~"

　당황한 나는 뭐라고 대답은 해야 되겠고 결국 갑자기 드린 대답이 고작 그랬다. 한동안 가만히 계시던 목사님은 "맞아요. 모든 일들은 그때마다 그냥 최선을 다 하면 되는 겁니다." 말씀을 하시고는 사무실을 나가셨다.

　'맞아요. 목사님! 저도 그런 뜻으로 그렇게 말씀드리고 싶었어요. 그런데 너무 긴장이 되어서 그 단어가 생각이 나질 않았어요.' 라고 속으로만 대답할 뿐 뻘쭉이 서 있었다.

03. 참으로 좋은 분들이
내 옆에 항상 있음이 가장 큰 은혜라

　　교회 사무실 지키기 삼 년이 지나갈 무렵 내 주변에 귀하고 훌륭한 믿음의 많은 사람들이 함께 하고 있음을 깨달았다. 아침마다 함께 예배드리는 부목사님, 전도사님, 권사님, 성도님들은 매일매일 보는 사람들이다. 교회에 많은 사명들을 앞장서서 감당하는 그런 분들이시다.

　　예전에 나는 평일에는 교회를 와 본적이 한 번도 없었다. 이렇게 많은 분들이 교회 일을 위해 평일에도 교회를 찾고 있었다는 것은 내 자신을 새롭게 되돌아보게 했다.

　　내가 원하든 원하지 않든지 간에 교회 일을 내 집 안 일처럼, 담임목사님을 하나님을 대면하듯 하는 앞선 믿음의 성령에 사람들을 가까이 할 수밖에 없는 나의 환경은 하나님 아버지가 내게만 특별하여 허락하신 은혜임을 나는 아주 뒤늦게야 알았다.

　　이러한 분들과 몇 해 동안 계속해서 관계를 맺게 하시니 감사할 따름이다. 항상 웃는 얼굴, 긍정적인 믿음의 말, 은혜로운 좋은 말, 도전이 되고 힘이 되는 격려의 말, 깊은 나눔 등이 있으니 참으로 좋다.

때론 분명하고도 정확하게 그러면서도 아닌 것을 아니라고 지혜롭게 말해주는 그런 분들이 옆에 계시기에 시간이 지나면 지날수록 점점 좋은 영향을 환경가운데 젖어 배우고 성령의 사람들의 믿음으로 자라가고 있다.

어지간한 일로는 전혀 상처를 받지 않는다. 적당한 것들은 일상에서 가지치기도 서슴지 않고 해내시는 그런 분들이시다.

모든 사람과 항살 잘 지내고 또 모든 일들을 항상 잘 할 수 없음을 인정하며 상대방이 상처받는 것도 때론 하나님 아버지께 맡기고 믿음이 성장할 수 있는 기회로 만들어 갈 줄 아는 그런 분들이시다.

하나님 아버지 앞에서 본질이 무엇인지 그 본질을 위하여서는 때론 싫은 소리도 듣고 괜한 오해도 받는 것을 이상히 여기지 않는 그것이 당신들에게 맡겨진 사역을 감당하는 방법임을 잘 알고 있는 분들이시다.

높은 믿음과 그 어느 것과도 견줌이 되지 않는 일관성 있는 인격적인 분들을 보면서 나는 하나님 아버지 앞에서 나의 본질이 무엇인지 생각해본다.

우리에게 허락하신 은사가 다르듯 맡겨진 사명도 각각이기에 자기 자리와 위치에서의 생각과 방법이 다 다르다. 때론 내 마음이나 뜻과 다르게 말을 하고 행동을 해도 자연스레 이해하게 되었고 그 입장에서는 맡겨진 일들을 최선을 다해 감당하는 모습이 오히려 배움이 되기도 했다.

나의 하나님 아버지는 평생에 알지도 못할 일들을 사무실을 지킴으로 자연스럽게 배우고 알게 하시니 어디에서 어떻게 쓰시려고 지금도 다듬고 만지고 계시는지 기대된다.

그럼에도 감사하며 사랑한다고

시작보다도
더욱 귀한 시간이 이어지게 하시고
많은 사람으로서가 아님에도
신뢰할 수 있는 만남이 되어지게 하시며

배움이 되는 기분 좋은 시간들
손해 보는 즐거운 섬김들
늘 신선한 설레임들

믿음도
사람도 잃지 않게 하시는
당신이시여
당신을 사랑합니다

진심이 있는 마음으로
아끼고 위해주는 가슴으로
바른길 가도록 멘토 되어지는
그래서 서로가 흐뭇한 인사 나누는

그렇게
애씀이 아깝지 않은
당신에 사람들 되게 하소서

오늘도
나를 빚어가시는 당신이시여
투정 같은 고집을 또 부려보지만

그럼에도
감사하며 사랑한다고 또 고백합니다

- 오늘도 당신으로 인하여 사는 것이 정말로 즐거워서 고맙습니다 -
김명란 시집 중에서

04. 요셉처럼...

성경에 요셉이라는 인물이 생각이 난다.

억울한 누명으로 왕의 죄수를 가두는 감옥에 들어가 간수장에 마음에 들 때까지 또 인정을 받아 많은 일들을 맡아 하게 될 때까지 얼마나 궂은 일들을 그들이 원할 때마다 참고 했을지... 얼마나 오랜 시간 그렇게 성실하게 행동을 했을지...

나는 요셉이라는 사람을 그렇게만 생각을 했었는데 다시 생각하니 그러지도 않았을 것이라 본다.

요셉 본인은 아마도 그때마다 참으면서 억지로 일하지 않았을 것이고, 스스로 성실하다는 생각도 없었을 것 같다. 일이란 참으면서 해내려면 오랫동안 할 수가 없고 또 일이란 성실하려고 하는 의지적인 마음으로는 오랫동안 할 수가 없는 것이지 싶다. 그냥 하는 것이다.

그때그때 마다 최선을 다하는 것이 많은 시간이 지나 능력 있는 성실한 사람이 되지 않을까 싶다. 억지로 기회를 만들려고 해서 만들어지기보다는 성실한 자세로 다른 날과 마찬가지로 묵묵히 일하다 보면 나도 모르는 사이에 기회를 만나게 되지 않을까 싶다. 그렇게 사는 사람들이 그래서 삶이 살아볼 만한 것이라고 하지 싶다.

교회 사무실에서 일하기 전에는 생각만 많고 행동이 따라와 주지 않는 꿈만 많은 성도이자 주부였던 사람이다. 지금 생각해 보면 꿈만 꾸면서 보낸 시간들이 너무나 아깝다. 뭐 하나라도 행동으로 옮겼다면 참으로 멋진 시간과 삶을 의미 있게 보내지 않았을까 하는 아쉬움이 많다.

그러다가 용기를 내어 가까운 교육원에 상담하러 찾아갔다. 혼자가기 싫어서 친한 친구 명순이도 점심까지 사주면서 데리고 갔다. 그 친구는 할 일 없이 따라 왔다가 지금은 어린이집 원장님이 되어 있을 뿐 아니라 활동영역을 넓히고자 뒤늦게 대학에 들어가 공부하는 학생이 되어 있다. 점심을 사줘가며 교육원에 같이 갔던 친구가 이제는 만나기만 하면 밥을 산다.

나는 교육원을 졸업하고 교사모집 광고만 보고 전화를 걸어 면접 날자와 시간을 정해 약속한 어린이집을 찾아갔다.

영아부부터 7살까지 있는 인가만 어린이집인 유치원이라고 한다. 1층 사무실에서 면담을 하고 출근하기로 약속을 했다. 그날은 그 원생 전체가 체험학습 하는 날이라 어린이집이 텅텅

비어 있었다.

　나는 처음 출근하는 날부터 긴장을 안 할 수 없었다. 1층, 2층, 3층에 각 교실이 서너 개씩 있고 아이들이 많아 나를 당황스럽게 했다. 교사들도 모두가 30세 전의 미혼교사들이었다. 하나같이 예쁘고 키도 얼마나 큰지 그 외모에 기가 죽었다. 동화책에서나 읽어온 그런 긴 생머리의 생글생글 웃는 예쁜 유치원 선생님들이었다.

　나는 5세반 중에 한 반을 맡았다. 나름 단단히 각오를 하고 잘 해보리라 다짐도 했다.

　매일 틈틈이 자료실에 들어가 다음날 수업준비에 최선을 다했다. 젊은 선생님들은 인정머리 없어 보일 정도로 솔직하고 당당했으며 때론 차가웠다. 조금도 손해 보는 것이 없었으며 자기가 맡은 일들에 대해서는 얄미울 정도로 깔끔하게 일처리하는 모습은 참으로 대단했다. 그런 선생님들에게 배워야 하는 입장이기에 나는 최대한 겸손해야만 했다. 내 나이가 10살이나 많은데도 그런 것은 젊은 선생님들에게는 중요한 것이 아니었다. 서로가 자기들이 맡은 반과 아이들을 위해서 교사로서 최선을 다해내는 모습들뿐이었다.

원장님은 당신 어린이집의 규모만큼 교사도 거기에 걸맞는 자질을 갖추고 품위도 갖추어 수준 있는 원이 되어야 한다는 기본 생각을 가지고 있었다. 그것을 나도 알기에 초보 교사로서 항상 긴장이 되었고 그러면서도 뒤쳐지고 싶지 않은 자존심도 있었다. 나의 외모도 조금씩 변해갔다. 때로는 밤늦도록 자료실에서 다음날 수업을 연구하거나 컴퓨터 앞에 앉아 해보지 않았던 것들을 반복해서 연습해보기도 했다.

그렇게 몇 달이 지나면서 깐깐한 내 성격도 그들 못지않음을 알았는지 교사들도 서로가 자기들 틈에 끼워주기 시작했다. 수업에 유익한 새로운 정보도 알려주면서 그렇게 친해졌다.

학부모들은 처음에는 우리 반 담임선생님이 너무 강하다, 너무 고지식하다, 무슨 고등학교 수학선생님 같다 등등 담임선생님이 온통 맘에 안 든다는 그런 말들뿐이었다. 여러 말들이 많았지만 학년을 올려 보낼 무렵에는 처음 담임을 맡았다고, 젊고 예쁜 선생님이 아니라고 불평했던 엄마들이 오히려 내년에도 당신 자녀의 담임을 맡아줬음 좋겠다고 한다.

원장님은 무슨 생각으로 나를 왜 뽑으셨을까! 많은 젊고 능력을 갖춘 교사들이 면접을 보고 다녀갔을 것인데 왜 나이도 많고 경력도 없는 별 볼일 없는 나를 뽑으셨을까!

그리고 또 이렇게 큰 어린이집이었고 젊고 예쁜 능력 있는 교사들이 많은 줄 알았으면, 이렇게 할 일이 많은 곳이라는 것을 알았으면, 컴퓨터를 능숙하게 다뤄야 되는 곳임을 조금이라도 알았다면 처음부터 나는 아예 이곳에 오지도 않았을 것이다.

나는 여기에서 2년이라는 길고도 짧은 시간동안 정말 많은 것을 익히고 배웠다. 실력 있는 젊은 선생님들을 통해 컴퓨터를 능숙하게 다루게 되었고, 깐깐한 지식 있는 젊은 부모들을 대하다 보니 나의 언변도 언제부터인가 세련되어져 갔다. 무엇보다도 하고자 하는, 해내고자 하는 열정과 해낼 수 있는 자신감이 생겼다.

그렇게 2년을 보내고 있던 어느 날 당황스럽게도 다른 어린이집으로부터 스카웃 제의를 받았다. 국립유치원교사 수준에 대우를 해 주겠단다. 그리고 교회에서 걸려온 또 한 통의 전화를 받았다.

기회는 준비하는 자만이 차지한다는 글을 읽고 많은 생각을 했던 적이 있다. 갑자기 피치 못할 사정이 생겨 담당자가 해야 할 일을 요셉에게 할 수 있는 기회가 주어졌을 것이다. 그것이

기초가 되어 점점 더 많은 중요한 일들까지도 하게 되고 배워지게 되었을 것이다.

나도 그랬다.

그 당시 사무실에 근무한 지 얼마 안 된 집사님이 더 이상 일할 수 없는 피치 못할 사정이 생겼다. 그 집사님은 어찌된 일인지 나를 생각해냈고 담당목사님께 나를 말씀드렸다.

어린이집에서의 혹독한 2년이 없었다면 나를 생각해냈어도 나는 지금 이 자리에 올 수 없었을 것이다. 내가 지금도 교회에서 일할 수 있는 것은 요셉처럼 그날그날 최선을 다하는 것이 내가 만들어낼 수 있는 유일한 내 능력이며 계속해서 나를 필요로 하게 하는 방법이리라.

어린이집을 다니는 2년 동안 늘 늦은 잠을 잤다. 늦게까지 나머지 공부를 얼마나 했는지 시간 가는 줄 모르고 컴퓨터를 익히고 여러 종류의 책을 읽었는데 그중에 심리 상담에 관련된 책을 많이 찾아 읽었다. 언어를 통해, 그림을 통해, 노래를 통해 심리를 치료하는 방법의 책들이 참으로 많았다.

심리학은 예전에 교양과목에서도 재미있었고 좋아했던 과목이라 어렵지 않게 많이 읽을 수 있었다.

덕분에 나이어린 유아부서 아이가 길을 잃고 혼자 울면서 찾아와도 나는 그 아이가 불안함에서 금방 벗어날 수 있도록 도와줄 수 있었고, 많이 배운 똑똑한 새 가족이 와서 깐깐하게 대해도 나도 깐깐하고 세련되게 기분을 맞추며 원하는 것을 도와드릴 수 있었다. 또 사무실에서 필요한 서류양식은 직접 만들어 그것들을 사용해 나름대로 보다 더 편하게 정리정돈 할 수 있는 컴퓨터 사용실력도 꽤 되었다.

무엇보다 수업준비하면서 틈틈이 읽어두었던 심리에 관한 많은 책들은 교회에서 다양한 성도들과 관계성을 이어가는데 있어서 얼마나 큰 도움이 되는지 모른다.

05. 2010년 기적의 주인공

내가 교회 직원이 될 것이라고 한 번도 살아오면서 생각해본 적이 없었다. 2009년 송구영신 예배를 드리면서 2010년에는 '기적의 주인공이 되자'라는 표어를 가지고 우리 모두는 뜨겁게 기도했다.

2009년은 그 어느 해보다도 힘들고 지친 해였을까! 나는 빨리 해가 바뀌길 바라는 마음이었다. 해가 지나고 나면 모든 형편과 환경들이 평안해지고 윤택해질 것만 같았다. 바람 앞에 등불과 같은 불안한 삶과 생활에서 벗어나기를 간절히 바랬던 모양이다. 그렇게 아무런 목적도 없이 막연한 기적에 주인공이 되기를 바라는 마음으로 기도와 믿음만을 가지고 2010년을 맞이했다.

몇 달 후 정말 기적의 주인공이 되었다. 새로 건축되어 입당된지 몇 달 안 되어 몸 된 교회 사랑스러운교회 사무실 직원이 된 것이다. 그렇다고 해서 바람 앞에 등불 같은 생활이 갑자기 평안해지고 윤택함으로 바뀌지는 않았다.

모든 예배에 참석하여 예배드림이 가장 큰 축복의 통로가 되었다. 한 번도 빠지지 않고 드리는 철야기도는 내 영혼을 시냇가에 심겨진 나무처럼 건강한 믿음의 삶으로 소성케 했으며 하나님의 은혜가 내 삶에 풍성하니 나는 보잘 것 없고 볼품없음에도 늘 당당하고 활기차게 세상에 모든 것을 다 누리고 나누는 사람처럼 행복하게 교회생활을 해 나갔다.

그로부터 또 몇 년 후 나는 하나님을 찬양하는 시를 쓰고, 하나님께 기도하는 시를 쓰고, 나의 생활을 감사하는 시를 쓰기 시작했다. 나의 환갑을 맞이하여 기념으로 출판을 하려고 혼자만 기획하며 얼마나 많이 모아 뒀는지, 지금도 계속해서 쓰고 있다. 그것은 은행에 적금을 해 놓기라도 하듯이 내 삶에 신선한 목장 우유 같은 활력소가 되어 주고 있다. 그러면서 하나님 아버지의 은혜를 간증하는 책을 쓰고 있으니 놀랄 사람은 내 주변 사람들이 아니라 나 자신이다.

나는 꿈을 꾸며 기도하고 있다. 하나님 아버지가 좋고 우리 교회가 좋아 자꾸만 아버지가 기뻐하고 교회가 좋아할 일을 생각하게 되고 찾게 되고 또 잘 해내고 싶다. 어느 날에 어떻게 하나님 아버지를 찬양하면서 그분의 사랑뿐이었음을 많은 이들에게 고백하며 자랑하게 될지 기대가 되니 마음이 설렌다.

2010년 우리 교회 성전 문지기가 됨은 기적과 같은 내 삶이 펼쳐지는 통로였다. 물질의 복도 아니고 건강의 복도 아닌 내 영혼이 잘되는 그래서 범사에 감사하는 복을 받았고 지금까지도 계속해서 그 복을 누리고 있다. 하나님 아버지와 교회 사랑을 숨길 수 없어 글로 옮겨 놓는다.

　나의 모습을 찬찬히 살펴보면 이보다 더 많이 축복받은 사람은 없다. 지독하다는 소리를 듣던 학생의 신분, 성실하게 버텨냈던 직장인의 자부심, 결혼과 함께 초라해진 내 안에 자존심, 그래도 또 최선을 다해 살아보자는 다짐의 힘으로 살았다.

　행복한 가정이라고 생각했는데 그것도 내 것이 아니었다. 어느 순간 내게 남아 있는 것이 아무것도 없었다. 함께 고생하며 살아가야 할 아들과 딸, 나에게 미안하다고 말하는 남편만이 있었다. 가장 왕성해야 할, 가장 활력이 있어야 할 30대에 나의 모습은 이랬다.

　짧은 시간 살아온 삶이지만 마른 막대기만도 못하고 바람에 날리는 갈대만도 못하게 느껴지는 인생은 하나님 아버지가 처음부터 이렇게 살도록 빚었는가 싶다. 그렇게 힘을 잃고 결국엔 시들어 버릴 삶이 되고 소망도 없이 메마른 삶이 되도록 나를 지으셨을까 생각해 본다.

그런 나를 하나님 아버지는 어느 날 갑자기 성전 문지기로 부르셔서 감당하게 하시고 힘들 때마다 힘을 줄 사람을 붙여 주시고, 어린아이처럼 투정을 부리듯 넘어져 버리고 싶을 때마다 넘어지지 않도록 하시는 하나님 아버지의 특별한 사랑으로 이제는 존귀하고 보배로운 삶이라 생각하며 살아가게 하시며 천국의 소망을 갖게 하시니 나는 그냥 오늘도 감사할 따름이다.

그렇게 살다가 또 지칠 때가 되면 이제는 침묵할 것이다. 내 안에서 속삭이는 하나님 아버지의 따뜻한 울림을 느끼면서 말이다.

06. 새로운 꿈은 더 큰 은혜를 주셨다

주변에는 참으로 좋은 분들이 많이 계신다. 모두가 성격도 다르고 은사도 확연하게 다르지만 어쩜 그렇게 진심을 담아 위로와 격려를, 좋은 권면을 해주시는지 감사하다. 한마디 배우려고 여쭈면 열 마디를 가르쳐 주시는 자상한 분들이시다.

생각과 삶을 살찌우게 하는 유익한 멘토는 얼마나 감사한 분들인지 두 말 할 필요가 없다. 다양한 분들과 실시간 나눔 속에서 평소에 생각지도 못했던 많은 일들이 있음도 알았고, 일을 해결해 나가는 방법이 다양함도 이분들을 통해 배운다. 그렇게 배운 정보는 감정에 치우치지 않고 소중한 마음을 담아 내 일을 감사함으로 지속적으로 해나가는 방법이 되었다.

나는 지금 또 새로운 꿈을 꾸고 있다. 우리는 하나님의 자녀로서 모두가 크고 작은 많은 하나님의 은혜를 받으면서 살아가고 있다. 쉽게 잊어버리기도 하고 가슴에 꼭꼭 담아두기도 하면서 말이다.

하나님 아버지의 은혜를 받아 누리고 살아가는 잔잔한 삶을 한 권의 책으로 엮어 함께 살아가는 많은 분들과 공감하고 싶다. 믿음 좋은 분들의 수준 높은 간증이나 인생을 역전시킨 역동적인 이야기는 아닐지라도 평신도로서 하나님의 은혜를 경험하며 하나님을 사랑하는 뜨거운 감동과 감격을 함께 나누는 글이 되고 싶다. 마음만큼 앞서 가지 못하는 믿음과 떳떳하지 못한 신앙생활로 인해 안타깝고 답답한 마음도 속 시원히 드러낼 것이다.

"맞아, 맞아"하면서 평안하게 공감할 수 있는, 무심히 지나쳤던 자신만의 작은 은혜들을 하나씩 하나씩 찾아내어 연약하고 나약한 가운데서도 믿음과 사명을 잃어버리지 않고 감사할 수 있는 은혜들로 다시금 힘을 얻어 믿음의 삶을 경주하는 신앙인이 될 것이다. 그래서 작은 믿음 속에 은혜가 되고 그 안에서 조금씩 성장되는 이야기들은 또 다른 꿈이 되어 그 꿈의 열매를 하나님 앞에 올려 드릴 것이다.

새 가족이 되어 심방이라는 것이 무엇인지도 모르면서 심방 받았던 이야기, 또 하나님 아버지의 차별과 특별한 사랑으로 교회 사무실 직원이 되어 섬기고 있는 이야기, 목사님, 전도사님들과의 생활도 사람 사는 냄새가 가득한 것이고, 교회도 사람이 사는 곳임을 말하고 싶다.

담임목사님 말씀대로 만남이 가장 큰 복임을 내가 복의 주인 공임을 고백한다. 매일매일 목사님을 만나고, 전도사님을 만나고, 권사님들을 만나는 동안 그 입술에 복을 담아내고 감사를 담아냄을 통해, 또 항상 긍정의 칭찬의 소리를 담아내시니 나도 모르는 사이에 내 입술도 복된 소리를 말하고 감사를 말하며 긍정과 칭찬의 소리를 제법 자연스럽게 표현하는 성도가 되었다.

하나님 아버지 앞에서 바르고 분명한 예배자로, 기도자로, 사명자로서의 모습들을 여러 사람들을 통해 한 번, 두 번... 자꾸 보게 되니 그것이 내 눈에 익숙해져 나도 그러한 모습을 닮아가고 배워감이 큰 은혜가 아니고 뭐겠는가!

이런 환경을 만나고 또 주변에 성령의 사람들을 만나게 되어 책을 쓰는 동기가 되기까지 정말 큰 복 중에 복된 만남이 된 것을 감사드린다.

그렇게 한 줄 한 줄 이야기를 쓰다 보니 정말 한 권의 책이 써졌다. 이 책을 읽는 분들도 그동안 잊고 있던, 그냥 지나친 감사가 참으로 많다는 것을 발견할 수 있는 자기만의 신앙고백이 담긴 한 권의 책을 소유하면 어떨까 생각해 본다.

'아, 그런 일이 있었네!' 하면서 잠시 그때 일을 떠올리며 너무 힘들었을 때마다 기도했던 모습을 가만히 뒤돌아보면서 기도응답이 되어 그 힘들었던 생활에서 벗어나 다 잊어버리고 살 수 있었던 삶을 지금에라도 하나님께 감사드린다면 좋겠다.

또 너무 행복했던 일들도 참 많았음에도 그때마다 감사기도하지 않았던 모습이 떠오른다. 평생 내 것일 것만 같고 평생 행복하게만 살 것 같은 그것들이 내 주변에 흔적도 없이 사라졌다. 크고 작게 감사해야 할 일에 기도하지 않은 것들은 모두가 티끌처럼 사라져 흔적도 없을 뿐만 아니라 새까맣게 잊고 지내왔다.

그리고 간절히 울며 기도했던 것들은 말할 것도 없고 그렇게 기도하지 못했던 그것들도 크게 문제가 되지 않고 해결되어 있으며 누군가의 보살핌으로 잔잔한 평안함을 누리고 있음을 이제야 떠올려보면서 참으로 엄청난 사실을 알아내기라도 한 듯 한편으론 부끄럽고 기쁘다.

하나님 아버지의 자녀인 성도라서 당연히 하나님의 은혜라고 당당히 고백할 수 있는 마음은 여름날 퇴근 후에 마시는 숙성이 잘 된 한잔의 매실음료처럼 아주 많이 상쾌하고 시원하다.

이 글을 읽는 많은 분들도 공감하여 자신을 뒤돌아볼 수 있는 시간이 되는 자기만의 신앙고백이 되어줄 책을 써보겠다는 새로운 도전에 참여할 것을 바래 본다.

part 2

씨앗이로다

01. 집사님! 힘내세요

처음 교회로 출근하던 무렵이 지금도 눈에 선하게 떠오른다.

"엄마 교회 가지 말고 흰 백합으로 다시 가."
"왜??"
"난 엄마가 선생님인 게 더 좋아."
"어떡하지, 주영아! 엄마는 교회가 더 좋은데."

작은 아이 주영이가 초등학교 4학년으로 올라간 지 며칠 안 돼서 하는 말이다. 어느 날 작은 아이 다니는 학교에서 담임선생님이 전화를 하셨다.

"어머니! 주영이가 많이 아픈 거 같아요. 조퇴시켜도 될까요?"
"네, 선생님 조퇴시켜주세요."

아침에 감기가 좀 심하다 싶긴 했는데 탈이 났나 보다. 자라면서 심한 투정도 없고 그저 묵묵히 학교생활 잘 해주고 일하는 엄마를 너무 어려서부터 만나서인지 어지간한 일은 스스로 잘 해줬기에 그러려니 하면서 대수롭지 않게 학교에 보내고 출근을 했는데 그게 아니었다.

"엄마! 나 오늘 머리가 너무 아팠어. 다 토하고 선생님이 집에 일찍 가도 된다고 해서 집에 가는 길이야."
"응, 선생님하고 좀 전에 통화 했어. 병원에 걸어 갈 수 있겠어?"
"응, 혼자 갈게. 엄마가 병원에 전화해 줘."
"알았어. 전화해 놓을게. 처방전 들고 약국에 가는 거 잊지 마. 많이 아프면 주사도 놔 달라고 하고…"

교회 직원으로 들어 온지가 얼마 되지 않았기에 나는 개인적인 용무를 보는 것이 조심스러웠다. 그래도 자식이 아프다는데 욕을 먹더라도 미련한 엄마는 되지 말아야 되겠다 싶어 어렵게 말씀을 드리고 집으로 뛰어갔다.
집에 들어가니 작은 애 방이 비어 있었다. 갑자기 가슴이 콩닥콩닥 뛰기 시작했다. 혹시나 하는 생각에 안방으로 가보니 주영이가 누워 자고 있었다.

얼마나 혼자 아팠으면 젖은 물수건을 자기 손으로 이마에 올려놓고, 약을 먹었는지 물 컵도 방바닥에 약봉지와 같이 널브러져 있었다. 학교 가방도 머리맡에 두고 그렇게 엄마베개를 끌어안고 감기로 인한 열로 곤하게 잠을 자고 있었다.

나는 혼자 엉엉 울었다. 너무 서러워 눈물이 멈추질 않았다.

가방이랑 약봉지를 정리하고 젖은 물수건을 새로 적셔다 이마에 올려주고 주영이 손을 꼭 붙잡고 기도했다.

사실은 기도를 하는 건지 하나님 앞에 뭔지도 모르는 서러움을 토해내며 그렇게 한참을 울었다. 아마도 울어도 되는 통로를 찾기라도 한 듯 싸였던 응어리들을 마음껏 흐느꼈는지도 모르겠다.

주영이 말대로 그냥 선생님으로 있을 것을 그랬나! 그랬으면 이럴 땐 당장 달려왔을 것을…

감기 열로 인해 땀을 얼마나 흘렸는지 얼굴과 몸이 땀으로 범벅이 되어버린 작은 애를 두고 나는 다시 교회사무실로 돌아갔다. 집안일을 알고 계신 담당목사님께서 주영이의 안부를 물으시며 위로의 말씀을 하시지만 내 귀엔 그 말씀이 하나도 들리지 않았다.

"집사님! 힘내세요. 내가 하나님의 일을 하면 내 모든 일은 하나님이 맡아서 해 주십니다. 그러니 아무 걱정 마시고 교회 일에 최선을 다해 주세요."

당신도 아이가 열이 40도가 넘어 병원침대에 누워 신음하고 있는데 그 날 교구 예배가 있어서 아무 일도 없다는 듯이 활짝 웃으면서 행복한 얼굴로 예배를 드려야 했었다고, 그렇게 교회 일을 다하고 병원으로 뛰어간 일도 많았다고 하시면서 토닥여 주시건만 울컥한 내 마음이 진정되지 않았다.

일찍 정리를 하고 집으로 퇴근하는 발걸음이 편하지 않았다. 낮에 집에 다녀간 줄 모르는 주영이가 엄마를 싫어하면 어떡하나! 엄마 싫다고 소리라도 지르면 어떡하나! 하는 마음으로 집에 들어서는데 한잠을 깊이 자고 일어나서인가 많이 좋아보였다.

종알종알 말도 한다.

"엄마! 아까 학교에서 토했을 때 친구들한테 너무너무 창피해서 혼났어."

"아프면 그럴 수도 있지 괜찮아. 친구들도 다 이해할거야."

"엄마 보니까 배고프다. 오늘 저녁 뭐 해줄 거야?" 하며 웃어주는 주영이가 정말 너무너무 고마웠다.

마음속으로 '고마워 주영아! 그리고 부탁인데 제발 아프지 마라.' 하는 혼자 말을 하며 일어나 주방으로 향하며 기도했다.

"하나님 아버지 감사합니다.

목사님 말씀처럼 교회일 대충하지 않겠습니다. 최선을 다하여 교회를 사랑하고 사무실을 찾아오는 성도들을 웃으면서 섬기겠습니다. 이 집에서 제가 해야 할 일들 아버지께 다 맡깁니다. 다 맡아주세요."

이제는 당신의 사랑이

당신을 사랑한다고
버릇처럼 고백을 하고
당신이 기뻐할 삶을
당연히 살고 있으며 또 살아갈 것이라고

그것이 교만이었습니다
그것이 자만이었습니다

나의 마음속에 말도
나의 가슴속에 숨겨둔 말까지도
다 듣고, 보시는 당신께
당신에 마음이 어떠할지 보지 못한 이의 모자름을 용서하소서

이제는 당신의 사랑이
바른 삶을 통해 알아지기를
일생동안 당신 앞에서만
머리 숙여 살아지기를 바래봅니다

- 오늘도 당신으로 인하여 사는 것이 정말로 즐거워서 고맙습니다 -
김명란 시집 중에서

02. 엄마! 내일이 제 졸업식이에요.
올 거죠??

　저녁을 먹고 치우고 있는데 요즘 사춘기에 접어드는 큰애가 괜스레 내 주변을 왔다 갔다 하더니 한마디 한다.

　"엄마! 내일이 제 졸업식이에요. 알고는 계세요?"
　"그럼. 우리 아들 초등학교 졸업하는 날인데 엄마가 왜 몰라."
　"올 수 있어요? 올 거죠?"
　"응, 가야지."

　제 딴엔 확인을 한 것인지 대답을 듣고는 자기 방으로 들어가는 뒷모습을 보니 언제 저렇게 컸는지 대견했고 그 모습을 쳐다보는 내 마음은 참으로 흐뭇했다.
　아침 일찍 출근해 하루 일정을 확인해 보고 담당목사님께 사정을 말씀 드리고 후다닥 학교로 향했다. 큰아이 초등학교 졸업식에 엄마가 더 설렌다더니 정말 그랬다. 머리며 옷, 구두까지 훑어보면서 만족이라도 하듯이 가벼운 발걸음으로 교문에서 팔고 있는 근사한 꽃다발도 하나 사 들고 경쾌하게 큰아이를 찾아갔다.

졸업식장으로 들어서니 많은 학부모들로 발 디딜 틈이 없었다. 벌써 졸업식이 시작되고 있었고 한 참을 두리번거리다 자랑스러운 아들을 찾았다. 기준이는 엄마가 들어 올 때부터 보고 있었나 보다. 혹여 엄마가 안 오면 어쩌나 하면서 그 어린것이 그때까지 가슴을 졸이며 기다리고 있었을 것을 생각하니 엄마 된 마음이 짠하다.

강당에서 졸업식을 마치고 교실로 들어가 사진도 많이 찍어주고 꽃다발도 가슴에 안겨주고 대견하여 등을 토닥여 주니 기분이 아주 좋은가 보다.

"엄마! 짜장면 먹어요."
"알았어. 오늘은 기준이가 주인공이니까 마음대로 시켜봐."

매번 먹어본 것이 짜장면에 탕수육 거기에 군만두가 전부라 그렇게 밖에 시키지 못하는 기준이가 귀엽기도 하면서 마냥 행복했다. 함께 하지 못하는 아빠도 미안했는지 전화를 자주 해주고 맛있는 거 많이 먹으라고 한다.

그렇게 미안해하는 아빠 마음과는 다르게 아직 어려서인가 섭섭해 할 줄도 모르고 졸업식에 와주지 않았다고 서운해 하지도 않아 다행이기도 하고 고마웠다.

'무슨 일이든 함께하는 가족이 되자'라고 또 혼자서 그렇게 다짐을 하면서 집으로 기준이와 주영이를 들여보내 놓고 교회로 발길을 다시 돌렸다.

"하나님 아버지 감사합니다.

제가 믿고 의지할 것은 하나님밖에 없어요.

저 아이들에 부모는 하나님 아버지세요.

하나님 아버지가 다 맡아서 안전하게 키워주세요.

대학까지 원하는 공부시켜주시고 갈길 잘 찾아 갈 수 있도록 인도해 주세요."

03. 구역장님!
오늘은 예수님 이름 까먹으면 안돼요

　어느새 구역장 사명을 감당한 지가 10년을 넘어가고 있다. 심방이 무엇인지도 모르면서 새 가족 심방을 드렸고 구역장이 무엇인지, 구역예배가 무엇인지도 모르면서 구역장님이라는 분을 소개받았던 사람이 이제는 또 한 사람의 구역장이 되어 구역식구들을 돌보고 사랑을 베푸는 입장이 되어 있으니 하나님의 은혜가 가득하다.

　지나온 10년 동안을 한결같이 주중에 구역예배를 계속 드릴 수 있었으니 하나님 아버지의 은혜이다.

　어느 해는 너무 힘이 들어서 구역장 사명을 쉬고 싶을 때도 있었다. 벼르고 별렀지만 결국엔 말씀도 못 드리고 그렇게 이어서 사명을 감당하기를 몇 번 그것이 벌써 10년 세월이 지나고 있는 것이다.

　구역장 사명을 통해 예배와 기도생활을 잃지 않았고 구역식구들을 돌봄으로 섬김과 헌신의 삶도 미약하지만 흉내 낼 수 있게 되었다. 추운 겨울밤일지라도 비가 오는 밤일지라도 심방

가야 할 일이 생기면 주저함 없이 주님의 사랑을 가슴에 안고 다녀 올 수 있으니 감사할 따름이다. 남편을 앞세워 찾아가 기도하고 올 때도 있었다. 슈퍼에 먼저 가서 심방갈 음료수도 챙겨와 따라가 주는 남편의 섬김이 참으로 감사했다.

10년의 시간을 뒤돌아보니 참으로 많은 구역식구들을 만났다. 한 사람 한 사람 한결같이 모두 겸손하고, 공손하고, 순수하고, 세상에 때가 묻지 않은 열심히 살아가는 성도님들이셨다. 그 중에는 이미 이사 가신 분들도 있고, 지금도 같이 몸 된 교회를 섬기면서 또 다른 사명자로 최선을 다하며 헌신하는 믿음의 성도님들도 많이 계신다. 교회에서 몇 번을 만나도 그때마다 항상 반갑고, 길에서라도 만나면 더 많이 반가운 식구들이다.

우리 집 큰아들 초등학교 입학하는 해에 처음으로 구역장직분을 맡았다. 설레기보다는 두려움이 더 많았고 숙련되지 못한 신임 구역장은 그렇게 긴장 속에서 첫 구역예배를 인도하게 되었다.

예배드릴 수 있는 구역식구가 모두 모인 가운데 나는 부들부들 떨면서 예배를 인도했다. 말씀도 준비한 대로 잘 전했다. 찬양을 드리면서 각자 준비한 헌금도 드렸다. 이제 구역장이 마지막으로 기도하고 주기도문으로 예배를 끝내면 되었다. 말씀 주심을 감사하고 예배드린 가정도 축복하고 교회와 담임목사님을 위해서도, 드려진 예물을 위해서도 다 기도했는데 너무너무 긴장한 탓인지 그다음 마지막 말이 생각이 나지 않았다. 좀 더 기도를 계속하면서 그 말을 기억해 내려고 하는데도 전혀 기억나지 않았다. 안 되겠다 싶어서 그냥 혼자 "아멘" 했다. 모든 기도를 마칠 때는 "예수님에 이름으로 기도 드렸습니다. 아멘" 해야 되는데 나는 긴장한 나머지 이 말을 기억해 내질 못했던 것이다.

그렇게 기도를 끝내고 얼마나 웃었는지 모른다.

하나님 앞에 드려지는 예배가 나오는 웃음을 참을 수가 없어 웃음바다가 되어 버렸고 나는 창피해 얼굴을 들지 못했다.

그 다음 주에는 넉살좋은 구역식구 한 분이 "구역장님! 오늘은 예수님 이름 까먹으면 안돼요." 하시며 웃으면서 코치해줬다.

나는 그렇게 점점 숙련된 구역장으로 훈련되어지고 있었다. 지금도 나는 구역예배를 드리고 집으로 오는 늦은 밤 발걸음이 그렇게 좋을 수가 없다. 그리고 남은 한주간이 그렇게 평안할 수가 없다. 구역장이 느끼는 거룩한 부담감 같은 것인가 보다.

04. 새로운 장막으로 이사를 했다

　큰아이가 초등학교에 입학을 했다. 아니 정확하게 말하면 입학하는 날이 우리 기준이는 전학을 한 날인 셈이다. 처음에 취학통지서가 나온 곳으로 학교를 가지 못하고 중간에 서류를 정리해서 다른 초등학교로 옮기게 된 것이다. 같이 유치원 다닌 친구들이 한 명도 없어 너무 마음이 아팠는데 나중에 알고 보니 우리 교회 친구들이 몇 명 있어서 참으로 다행이었다. 살고 있는 아파트를 헐값에 내놓은 상태에서, 이사도 하지 않은 상황에서 그렇게 멀리 학교를 정하고 다녔다.

　나는 아침마다 등하교를 도와주었다. 큰 신호등 몇 개를 건너야 했기에 유치원을 갓 졸업한 아들을 혼자 보내지 못하고 그렇게 한 달을 넘게 같이 학교를 데려다 주고 데려와야 했다. 나는 그렇게 학교만 간 것이 아니다. 우리 교회도 매일같이 아침저녁으로 찾아갔다.

　기준이를 등하교시키는 시간은 교회에 들려 매일 같은 시간에 간절히 눈물로 기도하는 시간이 되었다. 그 무릎 꿇은 기도 자리에서 나는 하나님을 간절히 찾았다.

"하나님 아버지 잘못했습니다. 아버지가 주신 물질을 잘 관리하지 못해서 다 잃어버렸습니다. 이제부터는 하나님 아버지가 주시는 축복들을 무엇이든 잘 관리하여 그것이 아버지가 주시는 은혜임을 깨닫고 끝까지 누리게 해 주세요.

그리고 하나님 아버지 이사를 가야 하는데 우리가 갈 수 있는 집이 없습니다. 아니 돈이 없습니다. 어떻게 해야 될지 모르겠습니다. 그런데 교회는 옮기고 싶지 않아요. 교회만은 옮겨가지 않도록 아버지 도와주세요."

그렇게 한 달을 기도하고 시세보다도 훨씬 미치지 못하는 매매가를 주고 집을 팔았다. 문제는 집을 팔아도 우리 수중에 이사 갈 집 준비자금이 없다는 것이다. 정해진 날짜에 집을 비워줘야 되는 부담감이 내속을 얼마나 새까맣게 태웠는지 모른다. 내 형편에 맞게 이사할 수 있는 동네를 찾아다니다 길에서 부동산 하시는 집사님을 만났다.

"집사님이 여긴 웬일이세요?"

우리 집 형편을 모르시기 때문에 나는 그냥 웃으며 지나려했다.

"집사님! 집 보러 다니세요?"

"네."

"집 사두게요?"

"아니요."

짐작이라도 하셨는지 아무 말씀 없이 바라보신다.

"집사님! 저희가 사정이 생겨서 이사는 해야 되는데 돈이 없어요. 그냥 한번 와 봤어요."

"얼마나 갖고 있는데요."

"지금 통장에 2500만 원 있는데 그것도 갚아줘야 할 돈이에요."

"아! 이런 답답한 집사님을 봤나. 내가 지금 살 곳이 없는데 무슨 남의 돈을 갚아요."

그리고는 여기저기 몇 번 전화를 하시더니 내일 다시 그 돈 가지고 무조건 나오라고 하셨다. 마침 일산에 사업하는 사장님 한 분이 이 동네에 아파트 한 채를 사놓고 계시는데 그 집이 마침 전세 기간이 다 되어 이사 가게 되었다는 것이다. 우리 보고 그 집으로 들어가라고 했다.

"집사님! 저 월세 살기는 싫어요."
"아! 누가 월세 살래요. 그냥 2500에 계약하고 들어가요. 거기가 원래 6000만 원 하는 곳인데 사정을 봐준다고 하니 그냥 아무 소리 말고 들어가요."
"고맙습니다. 고맙습니다. 집사님!"

이삿날을 앞두고 그래도 집안 구조는 봐야 되겠기에 이사할 집을 부동산 집사님과 같이 찾아갔다. 교회를 옮기지 않고도, 우리 기준이가 학교를 옮기지 않고도 다닐 수 있게 응답하신 하나님 아버지께 참 많이 감사했는데 그 집에 막상 들어가 보니 아무 말도 할 수가 없었다. 울고만 싶었다.

화장실, 주방, 베란다는 시컴하고 도배, 장판이 떨어지고 찢어져 형편이 아니었다. 처음에 입주했을 그대로만 살아와서 그렇다고 설명을 해주시는데 정말 성한 곳이 아무것도 없는 집안은 가슴을 멍하게 했다. 그럼에도 싫다는 소리 입 벙긋도 못하고 집으로 왔다.

이튿날 부동산 집사님이 전화를 주셨다. 집 주인이 집수리를 다 해 주신단다. 내가 부동산 하는 이래 이런 일이 한 번도 없으셨단다. 그 전세금에 올 수리를 다 해주는 일은 앞으로도 없을 거라면서 복이라고 하셨다.

하나님 아버지가 알아서 해 주신 것을 믿음이 옅은 나는 그것이 살아계신 하나님의 역사하심인지 알지도 못하면서 무덤덤하게 있었다.

집수리를 다했다고 연락이 와서 가 보았다. 주방도 화장실도 도배도 장판도 다 뜯어내고 새것으로 수리해 놓았다. 비록 집은 좁고 작았지만 깨끗하고 아늑하니 우리 식구가 살아갈 아담한 보금자리가 되었다.

우리는 새집이 된 보금자리로 그렇게 이사를 했다. 이사하는 날 경비아저씨가 올라오셔서 체크할 것 다 하시면서 버릴 가구들과 물건들을 보시고는 들으라는 듯 "요즘 젊은이는 아까운 줄 모른다."고 혀를 끌끌 차시며 내 감정에 자극을 주신다. 어쨌든 짐을 옮겨다 놓으니 마음이 새로웠다.

남편은 저녁에 퇴근하면서 피로회복제를 사들고 이사한 집을 잘 찾아왔다. 3월 1일이라 가스 연결하는 사람도 안 오고 나는 작은방 하나만 먼저 치우고 전기장판을 깔고 아이들을 쉬도록 해줬다.

이튿날 남편을 출근시키고 학교로 유치원으로 아이들을 보내놓고 기준이와 주영이가 돌아왔을 때 자유롭게 돌아다닐 수 있도록 부지런히 하나씩하나씩 치우며 정리를 했다.

지내놓고 보면 하나님 아버지는 내가 할 수 없는 일들을 너무나 우연처럼 해결해 주셨다. 불쌍해서 도와주려는 동정이 아니라 인격적으로 나의 마음을 다치지 않도록 하시면서 도우시는 하나님 아버지이시다.

어렵게 아기를 키우는 어느 애기 엄마가 분유를 사러 왔을 때 분유 값이 모자른다 해놓고는 뒤돌아서서 분유를 실수하는 척 떨어뜨려 분유통이 찌그러지게 한 후 찌그러진 것은 정상적으로 팔 수 없어 반값에 가져가라고 아기 엄마를 다시 불러 분유도 주고 절반 값도 거스름돈으로 돌려 주었다는 어느 토막글이 감동이 되어 마음에 두고 있었는데 나의 하나님 아버지도 나에게 그렇게 미안하지 않도록 자존심 상하지 않도록 돕고 계셨다.

당신의 사람을 만나게 하시고 그 사람을 통하여 우연처럼 나를 도우시는, 살게 하시는, 아니 점점 더 살맛나게 하시는 하나님으로 인해 나는 마음에 양식이 가득한 부자처럼 평안해진다.

　이사한 집을 노려보듯 둘러보면서 '그래, 잘 살아봐야지. 그냥 성실하게 잘 살아보자.'라는 마음으로 나를 다잡았다.

05. 하나님 아버지는
나도 모르게 내 일을 하고 계셨다

　새해가 시작되면서 맡겨진 구역장 사명은 사실 얼마나 사양하고 싶었는지 모른다. 몇 해 동안 같이 예배를 드리던 구역식구들 모두는 더 넓고 큰 집으로 이사를 하고 서울로 이사를 갔다. 그렇게 우연이라도 되듯이 모두가 좋은 모습으로 이사를 했다.

　남들 보기에 나는 예배와 기도생활을 성실하게 하고 신앙인다운 생활을 하려고 노력하는 성도였다. 그런데 내 사는 모양이 고작 이렇다. 하나님 아버지 앞에 영광을 가리는 그러한 모습이었다. 나만 그랬다.

　'아니, 하나님 아버지 왜 저에게만 이렇게 하세요. 저 집사님은 저기로 또 저 집사님은 저 곳에 좋은 장막을 주시면서 나는 왜요? 왜? 나만 이렇게 하세요.'

　내 속에서는 그렇게 하나님 아버지를 향해 외치고 있었다. 그것은 분명 원망하는 소리였다. 그러면서 나만 구역장이 되었다.

하나님 아버지가 나를 지으실 때는 이렇게 살아지도록 지었나 보다 했다. '이렇게만 쓰임 받으려고 지으셨나 보다' 라고 생각하니 한동안 우울한 심정으로 어디다 말도 못하고 구역장 사명을 감당하고 있었다.

하나님 아버지 앞에 하기 싫다고 소리 질러댈 용기도 없으면서 하나님 아버지가 너무너무 야속하고 섭섭해 남모르게 참 많이도 울었다. 그렇게 구역장 사명을 두 달을 감당했을 뿐인데 깨끗한 집으로 이사를 하게 된 것이다.

내가 하나님 일을 하면 하나님 아버지가 내 일을 대신 해주신다는 것을 분명하게 체험을 하면서도 정작 그렇다는 것을 나는 전혀 몰랐다.

이사한 집은 5층이었다. 하루에도 몇 번씩 오르락내리락 하는지 모른다. 사람처럼 환경에 적응하는 능력이 탁월한 동물이 없다는 말이 정답임을 증명이라도 하듯이 우리 가족은 며칠도 안 되어 적응이 되었다. 무엇보다 아이들이 밝은 얼굴로 별 탈 없이 생활하는 것이 제일 감사했다.

그런데 한번은 큰아들 기준이가 집에 들어오면서 코피를 얼마나 흘렸는지 나는 놀라 뛰어갔다. 어린아이 마음에 이제 초등학교에 갓 입학한 학교생활과 새로운 친구들과 사귀어 가는 과정이 힘들었나 보다.

이렇다저렇다 표현도 못하고 얼마나 긴장을 하며 다녔을지 엄마가 진작 헤아려 주지 못했다. 거기에 매일 5층을 오르내리고 또 언덕길을 걸어올라 학교 가는 길도 힘이 들었을 것을 이제야 헤아려본다.

그저 활동량 많고 씩씩하고 명랑하게 잘 놀고 잘 먹고 해서 걱정이 없었는데 마음처럼 몸은 그러지 못했는가보다. 그렇게 몇 번인가 코피를 더 흘리더니 당신의 딸이 그 모습을 보면서 마음 아파하는 모습도 헤아리는 아버지의 마음이었을까 그 후로는 지금까지 한 번도 코피를 흘리지 않았다.

이 또한 하나님 아버지가 내 할 일을 대신 해주셨음이시라.

06. 쓰리 잡의 기회를 버렸다

2007년이었을까 보육료 지원정책이 바뀌었던 해이다. 새장
막으로 이사한지 얼마 되지 않아 어린이집을 개원한지 얼마 되
지 않은 집사님과 차 한잔하는 기회가 있었다.

뭔지 모르지만 걱정이 있음을 알았다. 그것이 보육료 지원금
을 어찌 받아내야 될지 큰 고민을 하고 계심을 대화를 통해 알
게 되었다. 개원한 지 얼마 안 되었기에 다른 것도 힘에 부치는
데 거기에 설상가상으로 보육료 지원금을 지급하는 방법이 달
라졌다는 것이다.

예전과 전혀 달리 세무회계기준에 맞추어 매달 결산을 해서
신고를 하고 회계장부를 보관해 뒀다가 감사 때마다 보여주어
야 한다는 것이다. 그렇게 매달 결산신고를 정해진 프로그램에
입력해서 시 부서로 전송을 해야 확인 후 지원금을 준다는 것
이다. 들어보니 대충 그런 말이었다.

그러면서 시청에서 나눠준 얇은 소책자를 보여주었다. 대충
넘겨보니 장부를 정리하고 신고할 수 있도록 도와주는 분류할
항목들과 기본 양식들이었다.

언제가 마감이냐고 물으니 날짜도 며칠 남겨놓지 않고 그렇게 대책도 없이 걱정만 하고 계셨던 것이다.

일단 지출된 한 달 영수증과 증빙 서류가 될 것들을 보여 달라고 하니 얼마나 답답했으면 모두 보여 주셨다. 제가 한번 보겠다고 하고 일단 책자와 서류들을 받아들고 집으로 왔다. 밤이 늦도록 책을 들여다봤다.

이쪽으로 몇 년을 공부를 하고 이 일을 10년을 더 한 사람도 한참을 고민하며 생각을 해 보는데 전혀 이 일을 모르는 분이 대책이 없어 한숨만 푹푹 쉬셨을 것은 당연한 일이다. 한 번도 해 본적이 없는, 해 놓은 샘플도 없는 상태에서 일을 해야 한다는 것은 나로서도 당황스럽기는 마찬가지였다. 그리고 내가 아는 대로 일을 해낸다 해도 시청에서 한 달 지원금이 나올지 장담할 수 있는 것도 아니었다.

나름 건네받은 증빙들을 가지고 시에서 요구하는 방법대로 전표를 발행하고 회계장부를 만들어 기장정리를 하고 월 결산서를 만들어서 넘겨주니 다운 받아 놓은 프로그램에 넘겨준 숫자들을 떨리는 마음으로 입력을 하고 끝냈단다.

그런데 며칠 후 보육료 지원금이 통장으로 입금이 되었단다. 지금까지 한 번도 만져 보지 못한 큰돈이 한꺼번에 들어오니 이번에도 정신이 없으시단다. 들어온 지원금을 어떻게 써야 되는지 이제는 그것도 나에게 물어 보신다.

그 집사님은 너무너무 신기하다고 하셨다.

다음 달부터 어려움 없이 신고할 수 있도록 설명을 해 드리는데 도무지 모르겠단다. 매달 나보고 맡아서 해 달란다. 수고비도 주겠다고 하시면서 당신이 친하게 지내는 또 한 명의 원장님 것도 해주기를 말씀하신다.

"무슨 이걸 돈을 받고 해요. 잠깐이면 되는 것을요."

내 입장에서야 잠깐이면 할 수 있는 일이고 돈을 받고 해 줄 일이 아니라고 하지만 원장님 입장에서는 한 달 원 운영관리비가 이 신고를 통해서만 나온다고 생각하면 쉽게 생각할 수 있는 것은 아니었을 것이다. 그러나 그것이 능력이 된다는 것을 집에서 살림만 해온 아줌마는 그때 당시에는 몰랐던 것이다.

문제는 그 다음날부터다.

이 지역에 크고 작은 어린이집 원장님들이 나를 찾았다. "어느 원장이 지원금을 받았다더라." 하는 소문은 그 바닥에서는 매우 중요한 것이라 금방 퍼졌던 것이다.

　이 일은 마감 날자가 정해진 것이고 모든 일들을 처음엔 수기로 직접 다 했었기에 원한다고 해서 다 맡아서 해 줄 수는 없었다. 일감을 집 앞까지 가지고 와서 다 해 놓고 전화 드리면 찾아가는 원장님들도 계셨다.

　나로서도 직장을 그만 둔지 7, 8년이 되었는데도 이렇게 비슷한 일을 할 수 있다는 것이 반갑기도 하고 그것도 돈을 버는 일을 한다고 생각하니 참으로 재미있기도 했다.

　그래서 최대한 할 수 있는 만큼 밤낮으로 시간을 맞추기 위해 일을 시작했다. 원 규모에 맞게 수고비도 내 맘대로 일관성 있게 정했다. 나중에 원장님들끼리 서로 공유할 것을 예상해 나름 그렇게 정한 것이다.

　아이들을 학교로 유치원으로 보내고 나면 달리 할 일이 없던 터라 감사하는 마음이 많았다. 그렇게 시작하게 된 고급알바는 내가 우리 교회에 직원으로 들어오던 해 마지막 달까지 했다. 교회 사무실로 출근을 하면서부터 이 일을 그만두어야 된다고 생각했다.

　"겹벌이를 하고 싶어도 못하는데 그냥 하지 뭘 그걸 갖고 고민을 하냐.”

“그게 한 달이면 얼만데.”

“남들은 하고 싶어도 못하잖아.”

요즘처럼 힘들고 또 내 형편에 전혀 틀린 소리는 아니었다. 그렇지만 나는 담임목사님을 속이는 것만 같고 숨어서 몰래 하는 일인 것만 같아 마음이 편하지 않았다.

담임목사님이 사무실에 들려주셨을 때 사실은 몇 년 전부터 해오던 일이 있었음을 설명을 드리고 갑자기 그만 두려고 하니 올해까지만 사정을 봐달라고 하는데 그렇게 했으면 좋겠다는 말씀을 드렸다.

교회 일에 지장 없게 하시라는 말씀만 하시고 나가셨다. 역시 말씀을 드리길 잘했다.

이 지역의 어린이집 원장님들을 많이 알고 있다.

그 중에 한 분이 전화를 하셔서 내가 교회 직원으로 들어갔음을 들으시고 매달 적지 않은 수당을 주시겠다면서 내 교사 자격증을 빌려 달라고 하셨다.

나는 그럴 일이 쉽지 않다는 것을 알지만 그래도 혹여라도 원 감사에서 걸려 결국에 내 이름이, 우리 교회 이름이 불미스러운 명단에 올려 질까봐 안 된다고 한마디로 거절을 했다.

"아유, 선생님! 다 이렇게 해요. 우리 서로 좋은 건데 뭘 그래요."

답답하다는 듯이 설명을 계속 더 하신다. 답답한 사람이라고 소문이 또 돌았는지 다시는 그런 전화는 없었다.

그분들 말대로 나는 답답한 사람인가 보다. 자격증을 빌려주고, 회계업무를 대행해 주면서도, 교회 일을 할 수도 있는데 말이다. 그러면 쓰리 잡이 되는데 정말 누가 봐도 부러워 할 수도 있는데 말이다.

나는 그 좋은 일들을 모두 거절했으니 답답한 사람이 맞다. 그러면서 한 푼도 없는 지갑을 들여다보며 물질 때문에 삶이 고단하다고 내 속을 볶아댄다.

'정말 답답한 사람 같으니라고!!'

거절한 일들에 미련이 많이 남을 줄 알았는데, 아니 매달 내 손에 쥐어지는 짭짤한 현금들이 많이 아쉬울 줄 알았는데 전혀 그렇지 않았다. 어느 순간 쉽게 잊어버리고 평안한 마음으로 교회를 잘 다녔다. 아침에 일어나면 교회에 갈 수 있다는 사실이 그렇게 오랫동안 나를 설레게 했다. 오늘도 깨끗하고 깔끔한 인상이 되어야지 하면서 초라한 옷장 앞에서도 행복한 미소를 짓는다.

나의 감정을 끝도 없이 추락하게 만들어 멜랑꼴리하게 하는 요소들은 너무도 많았다. 내가 원하지 않아도 나를 공격하는 딜레마가 나에게는 너무도 많았다.

그래서 나는 교회 가는 것이 제일 행복하고 아침마다 서둘렀는지도 모른다. 그렇게 그런 사단들이 꿈틀댈 때마다 나에게 마술이라도 걸 듯 교회로 가는 상쾌하고 시원한 감성을 찾아나섰다.

그것이 습관이 되고 익숙해져서 이젠 생활이 되었다. 초라하다고, 나보다 못난 삶은 없을 것이라고 하는 낮은 자존감으로 우울해 하는 마음과 또 내 안에 깊이 박혀 부서지지도 않는 날카로운 것들이 나도 모르는 사이에 회복되어졌다. 아무도 인정해 주지 않아도 나는 교회 직원이라는 자부심으로 활기찼다.

그래서 그렇게 각기 다른 모양으로 교회 일들을 위해 사역하시는 분들도 활기차고 씩씩할 수 있는 나름의 자부심이 있지 않았을까 생각한다.

여러 가지 고정적인 수입이 되는 일들을 다 내려놓고 교회를 사랑하며 교회 일을 소중히 여기며 지내는 생활이 한참을 지난 지금 뒤돌아보면 오히려 손해 본 것 보다 내 믿음의 양식이 되는 것들이 곳곳에 풍성하게 쌓여져 있으니 감사하다.

07. 자녀를 맡아주시는
하나님 아버지의 은혜

어느 날 젊은 남자분이 교회 사무실을 찾아오셨다. 학원을 운영하는 일을 한다고 하면서 시흥으로 이사 온 지 얼마 되지 않았다고 했다.

여름 방학을 맞이하여 일주일간을 무료로 수업을 하면서 학원 홍보를 위한 나름대로의 이벤트적인 것들을 설명해줬는데 교회에 학생들을 초청코자 하는 목적이 있는 방문이었다.

나는 따로 교회에서 광고를 해드릴 수는 없고 해당 교육부서에 말씀드리겠다고만 했다. 말씀드린 대로 해당부서 담당선생님에게 그러함이 있음을 간단하게 알려드리기는 했지만 듣는 선생님이나 전하는 나나 진지하지는 않았다. 아마도 그대로 광고되지는 않은 듯하다.

며칠 후 학원 선생님이 또 찾아오셨다. 방문자가 아마도 한 명도 없었나 보다.

개인적으로 알고 있는 집사님에게 말을 해줘도 시큰둥하다. 그도 그럴 것이 이미 중학생이 되었거나 진학을 앞두고 있으면 이미 학원을 다니는 자녀들이 일주일 무료라고 해서 학원을 옮겨 다니는 경우는 아닐 거라는 생각을 했다.

나는 기준이와 주영이라도 일주일간 보내겠다고 했다. 그렇게 해서 학원을 다니게 되었는데 나중에 알고 보니 이 선생님은 새벽기도까지 하시는 신실한 기독교 신앙인이었다.

교육선교에 관심이 많은 분이며 이번 이벤트를 통하여 힘들고 어려운 환경에 아이들 몇 명을 선교하는 마음으로 후원하려는 목적도 있었다는 것이다. 참여한 사람이 기준이와 주영이 밖에 없었으니 이중에 한 명에게 학원비를 무료로 해주시겠단다.

세상에 하나님 아버지는 참으로 나를 여러 번 놀라게 하시고 감사하게 하신다.

두 아이 학원 보내는 일이 사실 힘들었다. 그렇다고 안 가리킬 수도 없고 매달 동냥 공부하듯이 밀린 학원비를 간신히 드리면서 학원 수업을 이어왔는데 이런 큰 횡재를 얻으니 얼마나 감사한지 모르겠다.

주영이가 무료로 삼 년을 다녔다. 나는 너무 고맙고 감사해서 명절 때가 되면 나름 인사를 드리려고 애썼는데 그것도 반가워하지 않으셨다. 보답은 하나님 아버지께만 받기를 원하신다면서 정 그러면 기도나 많이 해달라고만 하셨다. 더 많은 아이들을 후원할 수 있도록 학원이 성장되기를 기도해 달라신다.

주영이에게 부담을 줬을지 모르지만 열심히 하라고 했다. 그래서 친구들이 많이 다닐 수 있는 학원이 되게 하는 것이 선생님께 은혜를 갚는 길이고 너 또한 어른이 되어서 힘들고 어려워 공부할 수 없는 아이들을 후원하는 일은 꼭 해야 된다고 생각날 때마다 지금도 말해주고 있다.

그 학원에서 주영이는 영어와 수학을 공부하고 선생님에게 선교하는 방법을 배웠다. 그리고 선교에 꿈이 생겼다. 그 꿈을 위하여 공부를 해야 하는 목적도 생겼다. 참 좋으신 하나님은 이렇게 나보다도 더욱 깊고 넓게 내가 해야 할 일들을 알아서 다 맡아서 해주셨다.

요즘은 직장 생활하는 성도들이 대부분이다. 직장을 다닌다고 해서 맡겨진 사명을 내려놔야 되는 것은 이제는 이유가 되지 않는다.

교회 일이 직장생활이 되어 힘들 때도 많았다. 구역예배 드리는 저녁이면 나는 서둘러 다과로 준비할 장을 봐 집에 가보면 우리 집 그릇이란 그릇은 다 나와 싸여 있고 집안을 폭탄 맞은 집처럼 어질러 놓고 두 아이가 모두 학원으로 밖으로 나가 버렸다. 예배시간이 다가오니 어쩌지도 못하고 혼자 울면서 청소를 하고 설거지를 하고 예배를 준비하던 때가 사실 많았다.

힘이 드니까 눈물이 나고 순간 어질러만 놓는 애들이 왜 저렇게 속이 없나 속상해 하면서 야단칠 기운이 없어 잔소리도 못하고 그렇게 기쁨 없이 예배를 준비하기도 했다.

어쩔 때는 폭탄 맞은 집을 그대로 내버려 두고 화가 머리끝까지 나서 예배를 드리러 구역식구 집으로 찾아간 적도 많다. 아무 일도 없었다는 듯이 예배를 드리고 와서 늦은 밤에 애들에게 소리를 질러대면서 야단을 하고 피곤한 몸을 간신히 지탱해 가며 어질러 놓은 것을 치운 일이 참으로 지내놓고 보면 대단한 것 같다.

직장생활하면서 사명을 감당하는 성도들의 공통점일 것이다. 이제는 아이들이 저만큼 커서 "오늘은 우리 집에서 예배드리니까 청소 부탁해." 하는 품위 있는 아침 대화도 오고 가지만 그때는 참 힘든 시간이 많았다.

감사한 것은 그럼에도 그 귀한 사명 잃어버리지 않고 힘들었던 것이 모두 하늘에 상급으로 쌓여 있을 것을 생각하면 기쁘고 이제는 구역예배 준비는 아이들 몫으로 챙겨 놓으니 그 또

한 아이들에게도 예배를 가르치게 되어 감사하다. 지내놓고 보면 결국 모두가 하나님 아버지의 은혜가 아니면 될 수 있는 일이 아님을 나는 잘 안다.

나는 주님에 일이라고 할 수도 없는 정말 작은 일을 하는 것이 다인데 비해 하나님 아버지는 거기에 아주 정확하고 분명하게 꼭 필요한 것부터 모자람 없이 채워주신다. 때로는 물질로 때로는 지혜들을 깨달아가게 하시며 그것이 결국은 또 우리 아이들에 영혼이 잘되는 습관을 익히는 것이니 참으로 놀라울 뿐이다. 그때마다 감사기도 드리는 것이 내가 할 수 있는 일이며 오늘도 나의 하나님 아버지는 많은 것을 베풀어 주시면서 흡족해 하실 것이다.

08. 좋은 관계성이 우선이 되는 자리

교회 사무실에서 일을 한지 2년 차 막바지에 이르렀다. 아직도 교회 일은 낯설다. 이거 해라 저거 해라 시키는 사람은 없지만 성실하게 책임감을 가지고 잘하고 있는지는 스스로가 더 정확하게 잘 알 수밖에 없는 것이 교회 사무실 일인 것 같다.

교회 일은 일반 회사 일과는 많은 차이가 있다. 회사 일은 반드시 결과를 보여야 하고 그 결과에 따라 능력을 인정받고 더 큰, 더 많은 일들을 해낼 수 있는 기회를 만나지만 교회 일은 그렇지 않은 것 같다.

시간이 지날수록 해야 할 일들을 혼자서 파악하고 익혀가야 하는 일들이 많다. 겉으로 보이는 일들이야 당연히 하게 되지만 내 눈에만 보이는, 꼭 결과물로 내놓게 되는 일이 아닐 때는 형편이 조금 다를 수 있다. 그런 일을 할 때의 자세가 하나님 앞에서의 믿음이지 싶다. 하나님 앞에서의 자세를 잃지 않으려고 애쓰는 것이 내가 교회 일을 끝까지 해낼 수 있는 방법이며 또 스스로에게 인정하는 성실과 책임감일 것이라 말하고 싶다.

그렇게 나름 성실하려고 노력하고 있을 때 그날도 기획실에

올려다 둘 서류와 우편물들을 점검하고 있었다. 담임목사님도
또 담당목사님도 아주 가끔씩 사무실에 들러 어려움은 없는지
살펴주심 속에 적응이 되고 익숙해져 갈 무렵 담당목사님이 갑
자기 사무실에 들어 오셔선 느닷없이 질문을 하셨다.

"집사님은 사무실에서 일을 해나갈 때 가장 중요한 것이 무
엇이라고 생각하세요?"
"음~~ 좋은 관계성이죠. 다른 분들은 다를 수 있겠지만 이
자리에서는, 제 위치에서는 좋은 관계성보다 중요한 것은 없는
것 같습니다."

아무 말씀도 없이 창밖만을 한 참을 내다보시다가 한마디 말
씀만 하시고는 사무실을 나가셨다.

"맞아요. 정확하게 보고 있으셨네요."

내가 또 당돌했나!
원하시는 의도가 뭔지도 모르고 너무 급하게 대답을 했나!
목사님이 나가시고 내가 대답해 놓은 좋은 관계성에 대해 여

러 가지 나름 생각을 해 보았다. 교회에 모든 기관 부서들 특히 그곳에서 중심이 되는 분들이 사무실을 많이 찾아오신다. 이러한 분들과 불편한 관계가 되어버리면 결국에는 교회 일들을 방해하는 원인이 된다는 것을 잘 알기에 좋은 관계를 유지하는 것은 특별히 나의 자리에서는 아주 중요한 일이며 신경을 안쓸 수 없는 입장이기도 했다.

본의 아니게 불편한 일들이 만들어지거나 발생이 되면 가급적 빨리 원활한 관계성이 회복 되도록 해 결국에는 웃으면서 사무실을 나갈 수 있도록 하는 것이 나의 역할임도 잘 알게 되었다.

불편한 관계와 불편한 일이 발생이 되는 것은 아주 미묘한 다른 성향과 성격 탓인데 그것이 다름을 인정하고 존중하는 것도 교회 사무실에 있으면서 깨달아진 은혜가운데 하나이기도 하다.

표현하는 방법이 나와 다르다고, 일하는 방식이 나와 다르다고, 대화를 이어가는 스타일이 나와 다르다고 해서 까칠하고 불편한 상호작용을 미리 할 필요가 없다는 것을 깨달음은 이 자리에서 그 누구보다 편한 마음으로 일할 수 있는 어쩌면 나의 본능일지도 모른다.

그것을 인정하고 또 그것이 나에게 훈련이 되어 불편한 관계가 지속되거나 발생되는 일들을 최소화 할 수 있어 감사하지만 그것을 지나놓고 보면 부끄럽게도 "그 집사 참 사람 괜찮더라." 는 칭찬을 듣게 되어 이 자리가 참다운 사람을 만들어 주는 축복의 자리임은 틀림이 없다.

'자리가 사람을 만든다.'라는 말을 나는 그래서 참 좋아한다.

사무실은 유아부 꼬맹이들부터 연세 많으신 남녀노소 모두가 찾아오는 곳이다. 내가 원할 때가 아니라 그분들이 원할 때 찾아오는 곳이다. 항상 웃으면서 항상 편안한 말을 하면서 다양한 분들과 대면하는 것은 얼마나 많은 에너지를 필요로 하는지 큰아이를 통해서 잘 알게 되었고 또한 인정한다.

"엄마! 집에 들어오실 때 웃으면서 들어오세요."
"왜 엄마는 집에만 들어오면 화를 내세요. 밖에서 힘들었던 것을 집에서 표현하지 마세요."

큰아이 기준이가 초등학교 6학년 때 엄마에게 쏘아 붙이듯한 말이다. 평소에 엄마에게 이러고저러고 말이 많은 아이가 아닌지라 어쩌다 한마디씩 하는 아들의 말을 엄마인 입장에서

는 무심히 듣지 않았었는데 그런 당찬 말을 들을 줄은 전혀 몰
랐다. 순간 얼굴이 굳어지듯 화가 났지만 어느새 저렇게 자기
생각을 표현할 줄 아는 아이로 자라 있음이 감사했다.

교회에서는 많이 웃으며 좋은 모습으로 좋은 관계를 유지하
려고 노력하면서 집에만 가면 나도 모르게 아이들에게 아무렇
게나 다 표현이 되었나 보다.

"하나님 아버지 감사합니다.

저도 모르게 저는 제 의지로 일하고 있었습니다.

항상 웃으면서 항상 부드러운 음성으로 누구에게라도 대면할 수
있도록 해 주세요. 그 누구보다도 기준이와 주영이에게 더 많이
웃어주고 부드러운 소리가 되게 해 주세요.

그리고 교회에서 집으로 들어갈 때는 웃으면서 들어가고 또 집
에 가서는 교회에서 힘들었던 감정을 표현하지 않도록 하게 해
주세요."

09. 오늘도 내게 주신 선물들을 찾아본다

지금은 나의 성향적인 부분이 많이 너그러워지고 다듬어져 있지만 1~2년차 무렵에는 나의 성격을 그대로 드러내는 부분이 많았다. 나는 정확하고 분명한 것이 편하고 좋았다. 또 상대방도 그래주길 바랬다. 그래서 깍쟁이 같고 까칠해 보이는 나에 대해 겉으로 보기보다 다르다는 것을 시간이 지나면서 알고는 "잘난 척 한다."는 소리를 종종했었다고 웃으며 말한다.

사무실을 찾아오는 성도님들의 성격은 정말 다양하고 속모를 일들이 많았다.

아무 일도 아닌 듯 웃으면서 볼일 보고 잘 다녀가신 것으로만 나는 기억을 하는데 나중에 들어보면 섭섭한 부분이 있었음을 알게 된다. 별것 아님에도 섭섭한 마음이 생기기 시작하면 나중에는 눈덩이처럼 확대되는지라 조금만 이상한 말이 들리면 바로 연락을 해서 해결하는 습관이 있다.

나는 '특정한 날만 또 정해진 시간에만 나와서 봉사를 하는 사람이 아니다.' 라고 되새기며 생활한다. 그렇게 스스로에게 직업의식을 부여하며 다른 분들과 같이 나도 직장인이라는 사실을 잊지 않으려고 한다.

이곳에서도 규칙이 있고 보이지 않는 서열도 있다. 내가 내 자리에서 내 위치에서 말하고 표현해야 하는 그런 직업의식이 있어야 됨을 알아야 했다.

내가 원하지 않아도 특성상 많은 것들을 알게 되고 듣게 되는 곳이기에 처음부터 혼자만 세워둔 규칙 같은 것이 있다. 사무실 문을 열고 나가면 이 안에서 듣고 보고 나눴던 것들은 남편에게도 나누지 않겠다는 약속을 나 자신과 한 것이다.

이러한 같은 생각을 하면서 함께 교회 일을 하는 사람을 만나면 교회에서의 일은 참으로 재미나고 믿음이 신실한 성도로 성장할 수 있다. 그러한 믿음에 충만함이 결국은 계속해서 힘을 내 일할 수 있는 동기를 만들어내고 그것이 결국은 교회 일을 잘 감당하게 된다. 안타깝게도 그 반대가 되면 여간 어려운 것이 아니다.

자기 자리와 위치에서 해도 되는 말인지 안 되는 말인지 잘 분별하지 못하는 사람과 함께 생활해 나갈 때 간혹 오해를 만들기도 하고 일을 더 어렵게 만들 수 있음을 잘 알기에 나로 인하여 괜한 문제를 만들고 원활한 관계성을 방해하지 않도록 조심성을 가지고 긴장하며 행동한다. 분별없는 말은 교회 전체에 나쁜 영향을 주는 어리석은 행동이 되기 때문에 교회를 사랑하는 사람은 늘 조심하는 것일 게다.

교회생활은 눈으로 보고 배우는 것이 정말 많다. 특성상 스스로 깨닫고 배울 때까지 기다려주는 곳이 또한 교회다.

순종하고 섬기는 삶, 사명을 감당하는 삶의 믿음생활을 배움은 실로 큰 은혜 중에 하나이다. 각 부서 기관 구역에 공동체 생활을 직접 눈으로 보면서 지성적이고 의지적인 모습도 배울 수 있고 참고 절제하는 또 성실하게 책임을 다해내는 모습을 배우니 참으로 감사하다. 나도 그러한 모습으로 나의 위치와 자리에서 끝까지 잘 감당해야 하겠다.

특히나 교회 사무실에서는 부목사님들을 보면서 순종의 삶을 배운다. 그 많은 사역들을 감당하면서도 성도님들을 마음을 담아 섬기는 사역은 감동이 될 때가 참으로 많다.

또 부목사님들을 보면서 담임목사님을 존경하는 모습도 배운다. 어떻게 함이 존경하는 것인지 정말 모를 때가 있을 수 있는데 담임목사님의 목회와 교회를, 영혼을 아끼고 위하는, 마음을 다한 공손함과 열정을 눈으로 직접 보면서 나도 그렇게 담임목사님을 존중하고 존경하며 사랑해야 함을 배운다.

교회 일을 하면서 참으로 부끄럽고 민망한 칭찬을 들을 때가 종종 있다. 특히 연세 많으신 권사님들은 나를 믿음도 좋고 배운 것이 많은 능력 있는 사람으로 인정을 해주시는데 나는 잘난 능력이 한 가지도 없는 더군다나 많이 배운 사람은 더더욱 아니다. 하나님 아버지의 은혜로 이 자리에 앉게 된 모든 것이 부족한 성도일 뿐이다.

지금까지 자리를 지켜오면서 한 가지씩 훈련되고 단련되고 배워 왔다. 몇 년이 지나 이제야 좀 성도다운, 교회 직원다운 품위를 보이나 싶다.

처음 1년차엔 담임목사님 마음도 많이 아프게 했다. 근심되게 하는 말인지도 모르면서 내 생각을 거침없이 말하는 당돌한 성도였다. 지금도 크게 변화된 것은 사실 없지만 처음엔 더 그랬다.

나에게는 능력이 되어줄 것들이 사실 아무것도 없으면서도 마음에 욕심이었겠지만 나를 필요로 하는 곳이 되어야 한다는 생각을 하면서 지내왔다. 그래서 그때그때 마다 맡겨진 일들에 그냥 최선을 다하는 것이 내가 할 수 있는 일이었다.

교회를 사랑하고 교회 일을 잘 해내고 싶은 마음만이 전부였는데 그런 나의 고백이 하나님 아버지는 흡족하셨는지 내 주변에 참으로 귀하고 진실 된 사람들로 많이 세워주셨다. 교회생활을 잘 해나갈 수 있도록, 사랑받고 칭찬들을 수 있도록 배움이 되는 훌륭한 믿음의 사람들을 많이 붙여 주셨다. 때로는 사랑이 없으면 감당할 수 없는 가르침도 많이 있었다. 그분도 하나님 아버지의 사람이며 교회를 아끼고 사랑하는 사람임을 잘 알고 있었기 때문에 조금도 섭섭하게 여기지 않았다.

아마도 맡겨주신 일들을 평안한 마음으로 끝까지 잘 해낼 수 있도록 아버지가 보내주신 천사일지도 모른다는 생각에 나는 그 많은 천사들과 매일매일 행복하게 잘 살아가고 있다.

"하나님 아버지!
내게 주신 선물들을 하나씩 찾아가고 깨달아가는 생활이 참으로 행복합니다."

10. 세찬 바람이 부는 날이면
   그분이 생각난다

　퇴근을 하면서 집으로 오는 길에 얼마나 비바람이 불어대는지 우산이 뒤집어질 것만 같았다.

　"하나님 아버지 바람이 너무 많이 불어요.
　교회 외벽에 달아놓은 현수막이 떨어지기라도 하면 어떡해요.
　지나가는 행인들 다치기라도 하면 큰일인데요.
　그 현수막들이 펄럭이며 얼마나 시끄러운 소리를 낼까요.
　내일 사무실로 많은 욕을 해대는 전화가 걸려올 텐데요.
　저번에 그 아저씨 마음 어떻게 좀 해주세요."

　기도를 하는 것인지 부탁을 하는 것인지 아니면 걱정을 하는 것인지 아무튼 이 마음이 내 마음이다. 아니나 다를까 이튿날 출근을 해 보니 한 사람에 번호가 여러 번 부재중 전화로 떠 있다. 어젯밤은 생각보다 바람도 별로 세게 안 불은 것 같은데... 하면서 모른 척하고 아침 예배를 드리러 사무실을 나와 버렸다.

교직원 예배를 드리고 사무실로 내려오기가 바쁘게 전화벨
이 울린다. 태연하게 전화를 받았다.

"여보세요. 거기 교회 맞지요?"
"네, 교회입니다."

그 아저씨가 맞다.

"아저씨 어젯밤에 바람이 많이 불어서 펄럭이는 현수막 소리
때문에 시끄러워서 잠도 못 주무셨겠어요. 죄송해요. 현수막
끈을 바짝 당겨 묶었는데도 어제는 바람이 여간 세게 부는 게
아니었나 봐요. 아저씨 집은 별일 없으세요?"

아저씨는 나의 인사에 기가 막히신가 보다. 말을 해 놓고 기
가 막히기는 나도 마찬가지다. 이렇게 순발력이 있고 노련한
말을 할 줄 아는 사람은 아니었다. 처음처럼 경찰에 신고를 한
다느니 하면서 험한 욕은 오늘은 안 하셨다. "죄송합니다."로
몇 번 더 인사를 드리니 전화를 끊으셨다.
언젠가는 저분도 우리 교회에 꼭 나오실 것을 믿는다. 그리

고 교회를 사랑하고 섬기는 성도가 될 것이다.

　아무튼 하루의 시작이 걱정했던 것보다 순조롭게 출발되었다. 창밖을 내다보니 어젯밤 그렇게 요란법석을 부리던 바람이 거짓말처럼 사라지고 화창하고 밝은 햇살이 참으로 눈부시다.

11. 밥 차가 나가는 날

벌써 또 토요일이 되었다. 아침 일찍부터 봉사하시는 집사님들이 왔다갔다 분주하다. 벌써 밥 차가 나갈 준비가 다 되었나 보다. 오늘 메뉴는 무엇일지 궁금해진다. 점심때 내려가 보면 알게 될 것이지만 말이다.

밥 차 키를 건네 드리면서 "수고하세요. 집사님~~"하고 웃으면서 배웅을 해 드리고 자리로 돌아와 앉았다.

어느새 시계를 보니 식사시간이 되었다. 지역에 수많은 어르신들이 한 줄을 길게 서서 따뜻한 밥과 국을 담고 반찬들을 담아 편하게 세팅 되어진 식탁에 앉아 식사하실 모습들이 그려지니 내 마음도 흐뭇해진다. 그리고 그런 좋은 일을 하는 우리 교회가 마냥 자랑스럽다.

'오늘은 어디서 제일 먼저 전화가 올까'하는 생각이 끝나기도 전에 시청 민원실이라면서 전화가 왔다. 밥 차가 나가 있는 지역에 주민이 시청으로 민원전화를 하셨단다. 이런 분하고는 대화하기가 수월하다.

"선생님! 우리 교회에서 그곳으로 밥 차가 나가 있는 것은 사실입니다. 얼마나 시끄러워서 참지 못하고 전화를 드렸는지는 모르겠는데요, 어르신들 식사하실 때 기분 좋은 식사시간이 되시라고 잠깐씩 즐거운 음악도 틀어 드리고 직접 악기로 연주할 때도 있습니다.

그리고 거기서 일하시는 분들 모두가 지역 어르신들을 섬기기 위해 봉사하시는 분들입니다. 어떤 분은 같은 시간에 나와 지역을 위해서 봉사도 하는데 그런 민원이 들어온다고 바로 교회로 전화를 하시나요?"

질문에 방향이 달라지자 오히려 이분이 이번에는 대답을 못 하신다. 또 계속 그런 민원이 들어왔을 테지만 아마도 그렇게 잘 설명을 해주셨는지 다시 교회로 반복해서 전화를 하지 않으시는 것이 감사하고 다행이다.

또 다른 어떤 분들은 직접 교회로 전화를 해서 "시끄럽다."고 소리를 지르기도 하시지만 차분히 죄송하다면서 설명을 해 드리면 처음처럼 고래고래 소리를 지르지는 않는다. 몇 시간을 계속해서 음악을 틀어대는 것도 아니고 식사하실 그 시간에만 잠깐 틀어드리는 것이니 조금만 너그러움으로 양해해 주시기를 말씀드린다.

　많은 분들이 종일 그럴 것이라 앞서 생각을 하고 화가 나서 전화를 하는 경우가 많다. 이후로는 지역주민들도 섬기는 모습을 같이 기뻐하며 지역의 자랑거리로 인정하는 시간이 곧 찾아올 것을 믿음으로 바라본다.

　말이란 참으로 많은 것을 이끌어내며 잠잠하게도 하고 또 새로운 것을 받아들이게도 하는 아주 큰 힘을 가지고 있음을 실감해 보는 날이다. 때에 따라 나의 입술에 담아낼 말들을 주시고 담대하게 말할 수 있도록 이끄시는 하나님 아버지의 은혜를 고백한다.

은혜로다

01. 명란아 너 보고 싶어서 왔어

교회 일을 시작으로 친구들과의 만남과 가족들 간의 모임에 한 번 두 번 계속해서 참석하지 못하다가 언제부터인가는 아예 연락도 안 주고 불러주지도 않았다.

처음에는 그것이 야속하다는 생각을 할 여유도 없이 너무도 빠르게 시간이 지나가는 생활 속에 순간순간 잊고 살았는데 몇 해가 지나면서는 교회 생활도 익숙해지고 보니 소중한 사람들과 멀어져 서글퍼졌다.

이런 마음이 들어가기 시작될 쯤에 처음으로 교회 사무실로 친구가 내가 당직인 날을 잡아 어렵게 찾아왔다.

밖에서만 보다가 교회에서 보니 더 반갑고 새로웠다. 지하 주차장에 주차를 하고 "친구가 뭐 길래 내가 교회까지 왔냐."하며 너스레를 떨며 들어왔다. 그렇게 처음 찾아오기를 시작으로 지나가다 들리고 일부러 들리고 하며 자주 찾아와주었다. 그때마다 계절에 맞게 옥수수도 들고 오고 가지도 들고 오고 파뿌리도 들고 오고 정리도 되지 않은 것들을 봉지에 담아진 채로 들고 와서는 던져두고도 갔다. 나는 시골 촌사람이라 이런 푸

성귀 만지는 것을 좋아한다.

어느 해는 같이 주말농장을 해보기도 했다. 거둔 것이 형편없었지만 함께하는 시간들이 좋았다. 여름날 그 뜨거운 햇볕 아래에서 때늦은 상추와 시금치를 심어보기도 하고 다 큰 쑥을 캐러 다니기도 하는 평온한 일상이 만들어졌다.

집과 교회만 다람쥐 쳇바퀴 돌 듯 통 밖으로 다닐 줄 모르는 내가 자기 딴엔 안쓰러웠나 보다.

그렇게 나를 자동차에 싣고 음악을 들려주며 큰 도로를 달려보기도 하고 어느 날은 진한 커피를 즐기는 나를 위해 근사한 커피 집으로 데려가 주기도 했다. 내 나이가 되면 지갑과 일상의 시간들이 여유로움이 있어야 되는데 하는 얄팍한 마음이 일다가도 하나님은 이러한 부분까지도 친구를 통하여서 가득가득 채워주시고 누리게 하심이 깨달아지니 감사의 노래로 흥얼거린다.

이렇게 우정을 잃지 않고 서로의 시간표가 다른 삶을 살고 있어도 변함없이 어릴 적 관계를 갖게 하시는 하나님 아버지의 긍휼하심을 마음속 깊이 새긴다.

02. 친구니까

오후 예배를 드리고 1층으로 내려오는데 웬 남자 목소리가
뒤에서 들린다.

"야, 명란! 잘 지내고 있구나."

돌아보니 고향 친구가 와 있었다. 교회에서 남자 동창 친구
를 볼 거라는 생각은 한 번도 못했는데 그런 일이 생겼다.

오후 예배를 드리고 집으로 돌아가는 집사님들이 흘끔거리
며 쳐다보는 것이 왜 그렇게 부담스러운지 그런 내 속을 아는
지 모르는지 반가움에 손을 잡고 놓아주지를 않는다. 뒤에서
그 모습을 보고 두 친구가 깔깔거리며 짓궂은 말을 한다.

"야, 경진아! 그 손 놔라. 명란이 울겠다."

며칠 전에 몇 년 만에 중국에서 들어왔다고 하면서 반가움에
만날 약속을 정하는데 내가 시간을 맞추지를 못하니 모두들 교

회로 찾아 온 것이다. 카페에서 점잖게 기다려주면 좋으련만 고향 초등학교 동창이 어디 그런가!

반가움이 앞서서 친구가 다니는 교회가 자기가 다니는 교회라도 되는 양 당당하게 사무실로 따라 들어와서는 볼일이 있어 사무실에 들어오시는 성도님들을 자기 일이라도 되듯이 진지하게 바라본다.

친구니까 친구의 일이어서 그랬을 것을 모르지는 않지만 내 마음속에선 담임목사님이라도 오시면 어쩌나, 지나가시기라도 하면 어쩌나 하는 괜한 걱정을 하면서 시계만 쳐다보기를 반복했다.

"나가자. 교회까지 찾아 와 줬는데 오늘 저녁은 내가 쏠게."
"누가 사든지 우선 나가자. 아까부터 배고픈 거 참느라고 혼났다."

이런저런 일상들을 나누면서 힘을 주기도 하고 어려웠던 일들을 나누며 삶이 고단함을 토해낼 수 있는 멋진 저녁을 기대하며 친구 차에 올라탔다. 오랜만에 근사한 프로방스 분위기에서 스테이크를 맛보자고 난리들을 치면서 찾아간 집이 그날은 고기가 준비되어 있지 않단다. 그도 그럴 것이 부천도 아니고 여긴 시흥이라 스테이크를 즐기는 사람이 얼마나 있겠는가! 덕분에 소고기 좀 먹어보나 했더니만…

누룽지 백숙으로 대신 몸보신을 시켜준다면서 메뉴를 바꾸었다. 내가 먹는 모습을 지켜보던 한 친구가 너무 음식을 짜게 먹는다고 잔소리를 한다.

"명란아! 넌 무슨 소금을 그리 먹냐."
"이젠 음식을 소식하고 싱겁게 먹어야 돼."
"명란아! 너 운동은 뭐하니?"

돌아가면서 한마디씩 잔소리를 해댄다.

"걱정해 주는 소리는 고맙지만 난 이렇게 먹고 살거야."
"운동은 무슨, 운동할 시간 없어."

말은 그렇게 했지만 나만 너무 다른 세상을 살고 있나 싶기도 하고 나만 너무 다르게 생각 없이 살아가고 있나 싶었다. 주로 나누는 대화가 건강이야기 운동이야기 그리고 각자 하고 있는 일이나 사업이야기들이었다. 대부분 나하고는 전혀 다른 삶을 나누고 있었고 시간이 흐를수록 처음과는 다르게 조용히 듣기만 하는 나를 발견했다.

커피까지 근사하게 잘 마시고 집 앞까지 태워다 준 친구를 보내고 잠자리에 누웠지만 참으로 표현하기 어려운 여러 감정이 교차했다. 돌아 누웠다 바로 누웠다 뒤척여 봐도 영 잠이 오지 않아 일어나 책장을 무심히 넘기다 기도를 했다.

"하나님 아버지 감사합니다.

친구들이 나를 잊지 않고 교회로 찾아와 주었습니다.

그들 눈에는 내가 초라하게 가난하게 보이지 않았을 터인데 정작 저는 이렇게 내 자신을 초라하고 또 가장 가난한 사람이라고 생각하고 있습니다.

이 마음을 용서하여 주시고 최고로 복 많은 사람임을 지금 이 시간 되새기면서 그들을 다시 만날 때에는 끌고 온 자동차가 아니라 보여 지는 비싼 치장들이 아니라 하나님 아버지로 인하여 가장 평안함을 누리는 달콤한 향기를 당당하게 발하게 하소서!

그리고 이제 그러한 잡념을 떨치고 편하게 잠들게 하소서!"

03. 미사리 친구

　초등학교 6학년쯤일 것으로 기억이 난다. 나는 그때가 지금의 키다. 그 당시엔 전교에서 내가 제일 큰 키었다. 거기다 비쩍 말랐기에 더 커 보이지 않았을까 싶다. 그래서 별명도 키다리 쨈보였다.

　나와 똑같은 별명의 남자아이가 한 명 더 있었다. 시골이고 각 학년에 한 반씩 밖에 없었던 정말 오지의 시골학교였기에 학년이 올라갈 때마다 설렘도 없이 늘 이 친구와 맨 뒤에서 같이 앉아야 했다.

　나는 성격도 좋았고 공부도 잘했으며 나이 차가 많은 도시에서 직장 생활하는 언니 덕분에 시골구석에서도 예쁜 원피스를 입고 다녔고 끈 달린 빨간 구두도 신을 수 있었고 예쁜 머리핀도 많았다. 아침마다 엄마가 양 갈래로 항상 깔끔하게 빗질해서 묶어주셨다. 나름 그런 멋쟁이여서 인지 나는 반에서 인기가 있었다.

　6학년에 올라갔을 때 새롭지 않은 그 짝꿍이 스템플러로 박아 이어 만든 목걸이와 팔찌를 만들어 줬던 기억이 난다. 지금 이야 별것 아니겠지만 그 당시에는 그렇게 할 줄 알기가 사실 어려운 환경이었다. 그 시절 시골에서는 동화책을 만나기도 어렵고 텔레비전이나 라디오를 만나기가 어려운 때였다.

학교에 갔다 오면 남자애들은 들로 나가 일손을 돕거나 풀을 베러 다녀야 했고 여자애들은 집에서 청소를 하거나 개울가에 나가 식구들 빨래를 했고 불을 지펴 가며 저녁밥을 짓는 일들이 당연한 때였던 시절이었다.

6학년씩이나 되어서도 그것을 좋다고 걸고 다닌 순박했던 추억이 되살아난다. 그렇게 학교를 졸업을 하고 시내로 이사를 나왔다. 간혹 고향에 내려갈 일이 있었지만 고향 친구들을 찾아다니거나 하지는 않았다. 들리는 소식만 간간이 듣고 말아 버렸다.

사회인이 되어 어느 날 들은 짝꿍의 소식은 나를 너무 놀라게 했다. 오토바이 사고가 나서 사경을 헤매고 있다고 했다. 무슨 이유인지 한번 병문안을 가야지 하면서도 한 번도 못 가보고, 다만 치료가 잘 되어 퇴원을 해 고향에 내려가 살고 있다는 소식만 다른 친구를 통해 전해 들었다.

20여 년이 지나 그사이 우리들은 각자 결혼을 하고 자녀들을 낳아 기르고 그 자녀들이 대학생이 되고 군대를 가고 사회생활을 하고 있는 동안 우리 모두에게 그렇게 잊혀진 친구이다. 그 친구는 세월이 흐르는 시간 내내 혼자서 사고 후유증으로 치료도 안 되는 통증을 때마다 이겨내면서 때론 자신의 삶을 비관하면서 그렇게 혼자서 힘겹게 살아왔을 것이다. 시골 고향에서 염소도 키우고 배나무도 가꾸어 수확하면서 최선을 다해 삶을 소중히 여기는 친구였다고 한다.

　2014년 여름에 갑자기 휴가를 고향으로 다녀오게 되었다. 오랜만에 정말 오랜만에 이 짝꿍을 만날 생각을 하니 너무 반갑기도 하고 빨리 보고 싶다는 생각도 했다. 같이 가는 다른 친구들은 그동안 가끔 만날 일이 여러 번 있었는데 나는 그야말로 처음인 것이다. 가는 날이 장날이라고 그 친구가 통증으로 인해 너무 힘들어 한다고 자신의 그런 초라한 모습을 보이고 싶지 않다는 뜻을 알려 왔다.

　나는 일 년에 한 번밖에 없는 휴가이기에 언제 다시 올 수 있을지 장담할 수 없는 입장이라 이왕 고향에 왔으니 우선 부모님 산소부터 찾아뵙고 작은댁에도 들려 인사도 드리고 그리고 그냥 가보자고 우겨 산 고개를 넘어 친구를 찾아갔다.

 몇 번을 부른 후에야 방에서 아주 나이가 많아 보이는 어른이 나온다. 자세히 보니 어릴 적 그 짝꿍이었다. 그동안 삶이 힘들었음을 보여주기라도 하듯 참으로 마음이 아프게도 모습이 그랬다. 여전히 키도 크고 얼굴엔 순박한 웃음도 그대로인데 장애가 있고 불구의 몸이 되어 있다고 생각하니 우리들의 마음이 여간 답답한 것이 아니었다.

 아주 오랜만인데도 고향 친구가 그런 것일까! 서로의 쑥스러움도 잠깐 손을 내밀어 악수를 하며 손을 꼭 잡으니 그런 마음은 어느새 사라져 버렸다.

 빨리 누워야 될 것 같아서 우리는 서둘러 집에서 나왔다.

 강가로 내려가 휴가 기분을 내면서도 우리 모두는 그 친구에 대해 말을 했다. 집으로 돌아와서도 힘없이 내 손을 잡고 있던 소망 없어 보이는 웃음이 나를 심란하게 한다.

 힘을 주기 위해, 목적이 있는 삶을 찾아주기 위해 나는 뭐라도 얘기해 주고 싶었다. 연락을 해보니 통증이 많이 회복이 되었다면서 모처럼 큰마음으로 찾아왔는데 그런 모습 보여서 미안하단다.

 나는 해줄 수 있는 말이 마음처럼 많지 않았다. 고작 한다는 소리가 우리 마음대로 살아지면 그게 어디 인생이겠냐고, 좋은 마음을 가지고 힘내길 바란다고, 누구에게나 삶은 소중하니 그냥 현재의 형편과 환경을 인정해 버림이 때론 편할 때가 많더라고, 우리 나이가 되면 보이는 게 다가 아님을 잘 알지 않느냐고, 그러니 할 수 있는 것은 날마다 열심히 즐겁게 살려고 노력하는 것 아니냐고, 동화 속 같은 조용한 동네에서 너만이 좋아하고 즐길 수 있는 일이 반드시 일을 거라고, 그것을 찾아 낼 수 있는 사람도 너밖에 없을 거라고 했다.

친구는 그냥 고맙다는 말만 했다.

…

"나는 글을 읽고 쓰는 것을 좋아해서 되도록 많은 책을 읽고, 쓰고 싶은 대로 써보거든. 너는 식물이며 동물들을 특이한 모습으로 사진에 잘 담아내더라. 네 이름으로 된 개인 사진전 한번 꿈을 꿔보는 것은 어때? 나도 내 이름으로 된 시집이든 수필집이든 한 권 써볼 테니까. 우리 같이 해보자. 짝꿍~~"

작년 여름에 이렇게 대화를 나누었는데 어쩌고 있는지 먼저 연락을 한번 해 봐야겠다. 나는 거의 다 되어 간다고 너는 어쩌고 있냐고 말이다.

인생을 살아갈 때 친구란 참으로 소중한 선물이다. 요즘은 친구도 자기 스펙에 포함시키기 위해 좀 더 능력 있는 사람만을 찾아 친구로 삼으려고 하는 씁쓸한 사실이 우리가 살고 있는 시대에 안타까운 현실인 것 같다.

친구들 모두가 행복하고 평안한 일상을 가꾸어 가면 좋으련만 하나같이 바쁘고 험한 세상에서 살아남기 위해 애쓰는 모습에 때론 마음이 저미어 온다. 그들이 나를 볼 때도 같은 마음이리라!

참으로 감사한 것은 예수님을 믿고 기도하는 친구들이어서 다행이기도 하지만 이 짝꿍만은 예외다. 아픈 짝꿍 친구가 예수님을 믿는 사람이 되길 오늘도 기도한다.

겨울에 눈이 오면 교회 앞마당을 쓸어내고 귀한 것이라도 생기면 목사님께 갔다 드리며 인적이 드문 시골에서 목사님과 친구처럼 그렇게 관계가 있는 특별함을 얼마 전에야 알았다.

"하나님 아버지 감사합니다.

영혼 하나가 얼마나 귀한지요.

더군다나 상처가 있고 온전치 못한 몸을 가진 영혼은 얼마나 지극정성으로 눈을 떼지 못하고 지키시는지요.

친구를 기억하여 주소서.

하루라도 빨리 예수님을 믿어 천국의 소망을 같게 하시고 이 땅에서 남은 삶 동안 또 하나의 꿈을 이루어 보는 큰 감동과 감격을 허락하여 주셔서 하나님 아버지가 이 땅에 보내주신 뜻이 무엇인지 깨달아 아프게만 살아온 삶을 이제는 감사드리면서 하나님을 예배하는 믿음의 자녀로 살게 하소서."

04. 친정아버지가 집사님이셨다

교회에서 일을 하게 된 해 여름휴가는 친정식구가 홀로 계신 아버지를 모시고 강원도 속초로 휴가를 즐겁게 다녀왔다. 아버지의 손을 잡고 바닷가 모래를 밟으며 도란도란 이야기도 나누고 사랑비가 내림에도 아랑곳하지 않고 돗자리를 깔고 아버지와 나란히 앉아 수영을 즐기는 식구들을 우산을 받쳐 가며 바라보는 마음은 얼마나 행복하고 즐거웠는지 지금도 눈에 선하다.

간간이 인정 많은 유치원생 막내 손녀가 할아버지한테 뛰어와 조개껍데기를 손에 쥐어 주기도 하고 멀리서 장손자는 할아버지를 지키는지 힐끔힐끔 쳐다보며 수영을 즐기고 있었다.

저녁에 모두 한자리에 모여 삼겹살을 구워먹으며 장난을 하고 짓궂은 농담으로 놀리기도 하면서 행복하게 휴가를 보냈다. 아버지도 휴가일정 동안 잘 드시고 잘 주무시면서 지내주시니 감사할 따름이다.

아버지만큼만 살아도 감사할 것 같다는 생각을 여러 번 했다. 살아오면서 힘이야 들었겠지만 크게 속썩이고 반항하며 곁

길로 나간 자식도 없고 엄마가 몇 년 만 더 같이 살아 주셨으면 좋았겠지만 그 또한 애틋함을 추억하며 살아가실 수 있는 삶이니 좋으셨을 것이다.

엄마와 결혼 후 10년이나 지나서 낳은 귀한 큰아들을 위하여 중년에 고향을 떠나와 많은 고생과 외로움이 있으셨을 텐데 철없는 자식들은 거기까지는 헤아리지 못했다. 이제서야 아버지의 그 마음을 조금씩 헤아려 보고 있다. 그해 여름이 아버지와 함께하는 마지막 휴가가 될 것이라고 더군다나 막내 동생과 함께하는 행복하고 즐거운 마지막 시간이 되리라고는 상상도 못했다. 휴가 마지막 날에 다음 휴가는 중국으로 가자고 약속도 했는데 말이다.

그렇게 휴가를 다녀오신 지 한 달도 안 되어 아버지는 주일날 교회 다녀오시다가 길을 잃고 쓰러지셨다. 연락을 받고 찾아간 곳이 인근의 대학병원이었다. 노환으로 뇌세포가 다 상실되었으며 혈관에 흐름이 원활하지가 않아 큰 혈관이 언제 어디에서 막힐지 모르는 상태라고 했다. 중환자실에 며칠 계시다가 병원에서는 해줄 것이 더 이상 아무 것도 없다 한다. 가족회의 끝에 요양원으로 모시기로 했다.

막내 동생은 자기가 대전으로 모셔가겠다고 하고 나는 시흥으로 모셔오겠다고 했다. 오빠는 내가 장남이니 집에서 가까운 곳에 모시겠다고 아무소리 말라 한다. 우린 오빠 말대로 그렇게 하기로 하고 며칠 후 아버지를 요양원으로 모셨다.

그러나 아버지는 요양원이 싫으셨을까 빨리 천국에 가시고 싶으셨을까 2주 만에 돌아가셨다.

아버지가 돌아가셨다는 소식을 버스 안에서 들었다.

그날은 왠지 아버지를 찾아뵈어야 되겠다 싶어 교회 사정은 아랑곳 하지 않고 "안 되겠어요. 지금 아버지께 다녀와야겠어요." 라고 말씀 드리고 번번이 그럴 수 있냐고 다음에 쉬는 날 찾아가 뵙도록 하라는 대답은 뒤로한 채 일찍 퇴근해 버렸다. 참으로 야속하다는 마음으로 교회를 나와 버스를 탔다.

나는 며칠 전에 본 아버지의 모습이 자꾸만 눈에 떠올랐다. 내가 탄 버스가 막 산 고개를 넘어 가는데 새언니에게서 온 전화벨이 요란하게 울렸다. 떨리는 마음으로 전화를 받았다. 아버지가 돌아가셨단다.

부끄럼도 모르고 버스 안에서 얼마나 눈물이 흐르는지 아마도 다음에 가라는 말에 대한 원망도 있었을 것이고 그동안 응급실로 중환자실로 찾아다닐 때에 나름 속상했던 생각들이 떠올라서였을 것이다.

　버스에서 내려 다시 집으로 돌아와 기준이와 주영이를 데리고 택시를 잡아탔다. 장례식장을 찾아가니 새언니가 천천히 오지 뭐 이렇게 급하게 오냐고 하면서 안아 준다. 요양원에서 장례식장으로 오신지 얼마 안 되었던 것이다. 오빠는 강원도에 출장 중이었다가 급하게 올라오는 중이었고 막내 동생은 대전에서 올라오고 있는 모양이다. 그렇게 아버지가 혼자 돌아가셨다고 생각하니 마음이 더욱 아팠다.

　아버지가 섬기셨던 교회에서 장례예배를 인도해 주시고 부목사님과 전도사님은 발인과 아버지 고향인 장지까지 동행해 주시면서 예배를 인도해 주셨다.

　장례예배를 드리면서 내가 기절할 뻔한 사실을 알게 되었다. 아버지가 집사님이셨던 것이다. 우리 아버지가 집사님이신 줄 나는 아버지 장례예배 드릴 때서야 알았던 무심한 딸내미였다.

　아버지가 너무 자랑스럽고 감사하면서도 한편으로는 한 번도 집사님이라고 불러드리지 못함이 안타깝고 죄송스럽다.

　중학교 2학년 때 우리 집에서 나 혼자 교회를 다니기 시작할 무렵 아버지는 대문을 걸어 잠가 버릴 정도로 교회 다니는 것을 싫어하셨던 분이시다. 그러시던 분이 자식들 다 결혼시켜 분가해 놓고 엄마와 두 분이 사실 때 엄마가 다니는 교회를 따라 나가시고 엄마가 돌아가신 후에는 오빠네로 가서 혼자 인근에 가장 큰 교회를 찾아가 등록도 하시며 그렇게 혼자 교회를 다니셨던 것이다. 아버지에게 기적을 베푸신 계획된 하나님 아버지의 은혜를 깨닫는다.

서울에서 인천 아파트로 두 분이 이사를 하신 후 아버지는 엄마와 이야기 나누던 나의 말을 기억하고 계셨나 보다.

"엄마, 교회는 아무데나 가시면 큰일 나요. 잘 모를 때는 그냥 큰 교회를 가세요."

그렇게 나누던 말씀을 기억해 내시고 오빠네로 가서서는 무작정 큰 교회를 찾아가신 것이다.

아버지가 너무너무 감사했다. 그렇게 택하신 영혼은 하나도 잃어버리지 않으시고 인도하시는 하나님 아버지를 잠잠히 묵상하는 평안하고 은혜로운 아버지의 장례식이었다.

05. 나는 하나님 아버지를 이해할 수 없어요

  아버지가 돌아가시고 한 달도 안 되어 막내 동생이 사고로 딴
세상 사람이 되었다.
  주일날 오전에 전화가 왔다.

  "형님, 시환 아빠가 많이 아파요."
  "왜??"
  "사고가 났어요. 회사에서 구급차에 실려 지금 병원에 왔어
요."
  "괜찮을 거야. 너무 걱정하지 마."

  대수롭지 않게 여기면서 전화를 끊었지만 이상하게 나의 마
음이 콩닥콩닥했다. 도대체 무슨 사고가 났다는 건지 걱정이
되었지만 다른 날도 아니고 주일이라 어찌지 못하고 나는 나대
로 마음만 졸이고 있었다.
  조금 있다가 오빠가 다시 전화가 왔다.

"명란아! 병영이가 많이 다친 거 같다. 의식이 없단다. 오빠는 지금 병원으로 가니까 너도 빨리 병원으로 와봐라."

"알았어요. 오빠! 오늘 주일이라 지금 당장은 갈 수 없고 오후 예배드리고 상황 봐서 갈게요."

많이 아프다고 해도 그런가 보다 했지 심각하다는 것은 크게 와 닿지 않았었다. 오빠와 그렇게 통화를 하고 전화를 끊었다.

하나밖에 없는 동생하고는 살아오면서 유별나게 사이가 좋았다. 누나로서 지극정성으로 챙겨주었다. 특히나 고등학교 때부터 집을 떠나 자취생활을 일찍 하게 된 동생에게 그때부터 편지를 쓰게 되었다. 힘과 용기를 주는 말, 잘하라는 잔소리 같은 말, 군대에 가 있을 때는 부대에서 누나가 아니라 애인인줄 알아단다.

동생은 그 당시 하나님을 믿지 않았지만 많은 나의 편지글들은 신앙 메세지와 축복기도가 되어 보슬비처럼 촉촉이 적셔지는 복음 전도지가 되었다.

군대를 제대하고 집에서 같이 직장생활을 할 때에는 회사가 서로 방향이 같아 아침에는 택시를 같이 타고 출근하는 일도 종종 있었고 퇴근하고는 연인처럼 데이트를 즐기는 그런 별난

남매이기도 했다.

결혼하면서부터는 가까운 한 교회에 나가 믿음생활을 시작했고 몇 년 지나서는 다니던 교회를 떠나 개척한지 얼마 되지 않은 목사님 내외분과 성도가 몇 명 안 되는 작은 교회로 옮겨 섬겼다. 작은 교회에서 할 일을 찾아 섬기는 동생은 늘 바쁘게 교회와 회사를 오가며 열심히 살았다.

회사에서 기계를 만지고 전기도 만지는 공무출신답게 교회에서 자기가 해야 할 일이 너무 많다고 하며 웃던 그런 동생이었다.

목사님이 목회일로 '어디를 가셔야 되는데...' 걱정을 하고 계시면 시간을 만들어 자기 차를 세차를 하고 양복도 깔끔하게 차려 입고 목사님을 든든하게 모시고 다닌다며 하얀 이를 들어내며 웃던 착하고 순한 섬김의 삶을 살아가는 동생이 누나로서 그저 대견하고 믿음직스럽기만 했었다. 그렇게 교회 일을 우선으로 여기며 개척교회 목사님에게 꼭 필요한 든든한 일꾼이었던 동생이었던 것이다.

뒤늦게 병원에 도착해 보니 그제서야 나는 심각성이 와 닿았다. 동생은 그때까지도 의식불명이었다. 공장 건물 천정에서

발을 잘못 디뎌 떨어지면서 머리를 큰 관에 부딪혀 피를 너무 많이 흘렸다고 한다.

나는 바닥에 털썩 주저앉았다. 유리병이 높은 데서 떨어지면 산산조각이 나듯 동생에 몸 상태가 지금 그런 상태라고 한다. 동생이 누워있는 중환자실 앞에서 나는 무릎 꿇고 기도했다.

"하나님 아버지 살려주세요.
지금 섬기는 교회에서 해야 할 일이 너무 많잖아요.
이제 6살, 7살, 11살 아이를 둔 가장이잖아요.
살아계신 하나님을 만나는 성령 체험을 하게 하시고 앞으로 주님의 큰 일꾼으로 써주세요."

이어지는 기도는 기도가 아니라 하나님 아버지에게 협박 같은 절규였다. 그렇게 차가운 바닥에 꿇어 앉아 기도하자 막내 올케도 옆에서 같이 절규하며 기도한다. 예배를 어떻게 인도하시고 오셨는지 반 넋이 나가신 목사님도 기도하신다. 그 앞에서 오빠도 언니도 어쩔 줄을 몰라 하며 그저 울면서 서성이는 것이 우리 형제가 할 수 있는 일이었다. 우리 모두는 시간이 지나갈수록 점점 더 초조해지고 있었다.

"하나님 아버지 내 동생 살려주세요.

내 동생 살려 주시면 죽을 때까지 죽은 자처럼 몸 된 교회 사랑
하고 순종하며 섬기면서 살겠습니다."

통곡하듯 중환자실 문 앞에서 하나님께 매달렸다.

동생은 끝내 깨어나지 않았다. 식구들 모두 들어오라 해서
들어가니 지금은 산소 호흡기가 아무 의미가 없어 사망을 선고
한다고 의사가 말을 했다. 퉁퉁 부어오른 동생의 얼굴은 마치
다른 사람이라도 된 듯 그렇게 식구들에게 많은 눈물을 흘리게
하면서 하늘나라로 갔다.

동생의 장례는 회사가 대기업이었고 입사한 지 10년이 넘는
성실한 직원이었기에 회사장으로 치러졌다. 회사에서도 회사
장으로 치르는 것이 처음이었고 계열사 중역들도 시간을 나누
어 계속 찾아주었다. 많은 장례식에 참석해봤지만 이렇게 스케
일이 큰 장례는 처음이었다. 무슨 유명인사 장례라도 치루는
듯 그렇게 장례를 치렀다.

발인 일이 되었다. 다니던 회사를 한 바퀴 돌고 넓고 큰 아파
트로 이사한 지 얼마 되지 않은 새집 앞도 돌고 평생 몸담을 것
같이 섬기던 작은 교회도 찾아갔다. 그리고 아버지와 엄마가

계신 곳을 향해 갔다. 아무도 말하는 사람이 없었다.

아침 일찍 고향에 도착하니 소식을 듣고 모두들 미리 나와 계셨다. 오빠가 먼저 엄마 아버지 산소를 향해 올라가고 나도 한참을 떨어져 따라 올라 갔다.

오빠가 통곡을 한다. 말도 못하고 엉엉 큰 소리로 운다.

"아버지! 죄송해요. 막내를 관에 싣고 왔어요."

"엄마! 죄송해요. 콩 한 쪽이라도 나누어 먹으면서 서로 돌보면서 살라 했는데 제가 동생을 잘 돌보지 못했어요. 죄송해요."

그렇게 한참을 울더니 돌아서 막내한테로 간다. 나도 또 그렇게 따라갔다. 부모와 서열이 다르다고 부모님 선산을 마주보고 있는 앞산으로 묫자리를 잡고 이미 땅을 파놓고 있었다.

덩그러니 혼자다.

제일 젊은 것이 제일 먼저 묫자리를 차지할 줄 누가 알았겠는가!

한쪽에 쭈그리고 앉아 넋이 나가 있었는지 누가 와서 내 목을 안아준다. 보니 사촌이자 친구인 명순이가 왔다.

"명순아! 우리 병영이가 죽었다. 어떡해."

나는 왜 그렇게 죽어라 크게 소리를 지르며 오열을 했는지 우리는 그렇게 한동안 같이 울었다.

동생을 그렇게 땅에 묻었다. 그리고 이사했다고 좋아하던 그 집을 찾아갔다. 이제야 동생도 없는 그 집에 온 것이다. 진작 찾아와서 축하도 해주고 축복도 해주었으면 얼마나 좋았을까! 아버지 장례 치르느라 서로가 바빠 시간 만들어 모이자 했는데 이렇게 허망하게 동생도 없는 집에 모였다. 모두가 한자리에 모여 아무 말도 없이 그렇게 날을 새웠다.

아침에 일어나 동생네 교회를 찾아갔다. 마침 주일이었다. 동생 일로 인해 교회 분위기도 말이 아니었다. 목사님은 달란트 비유에 대한 말씀을 하셨다. 땅에 묻어두지 않고 작은 일에도 최선을 다한 착하고 충성된 종에게 내가 많은 것을 맡기리니 주인에 즐거움에 참여하라는 말씀이셨다. 목사님도 며칠 사이에 얼굴이 말이 아니셨다.

중환자실 문 밖에서, 또 장례식장에서, 묘 앞에서 먼 산을 바라보시는 그 속이 새까맣게 타셨다. 그러면서 남겨진 가족들이 얼마나 걱정이 되셨을까!

나중에 알았지만 예배 말씀을 준비하시기가 너무 신중하고 고민되셨다고 하셨다. 중환자실에서 기도하던 소리를 들으셨기 때문일 게다.

"하나님 아버지! 어떻게 이러실 수가 있어요.
나는 하나님 아버지를 이해할 수가 없어요."

그렇게 기도하던 울음소리가 목사님 마음을 근심하게 했을 것을 그때는 몰랐다. 그때부터 내 안에 하나님을 향한 원망이 생기기 시작했다. 하나님 아버지를 내 입으로 말하지 않았고 기도하지 않았지만 전능하신 하나님 아버지의 존재를 부인하지는 못했다. 대신 하나님 아버지의 마음을 의도적으로 아프게 하면서 살겠다는 각오 같은 것이 있었다. 하나님 아버지의 그늘을 벗어날 수 없으니 교회를 벗어나겠다고 그리고 다시는 그 어느 교회도 찾아가지 않으리라 생각했다. 아무에게도 말하지 않았지만 내 마음에서는 벌써 그럴 준비가 다 되어 있었다. 그런데 하나님 아버지는 목사님 말씀을 통하여 끝까지 충성하라고 말씀하고 계시는 것이다.

"더 이상 저에게 아무 말씀하지 마세요. 교회를, 하나님 아버지
　곁을 떠날 거예요."

　그렇게 나는 반항을 하면서 예배를 드리고 인사를 나누고 뒤
돌아 시흥 집으로 급히 왔다.

06. 내가 너를 사랑하노라

안방 화장대 위에는 줄이 끊어진 예물 시계까지 모든 금붙이가 다 헌금 봉투에 담아져 그대로 있다.

"하나님 아버지! 내 동생 병영이 살려주세요." 라고 씌어 있다. 동생이 병원에서 사경을 헤매고 있을 때 준비해 둔 것이었다. 헌금으로 드리지도 못하고 빨리 내려오라는 소리에 정신없이 두고 간 하나님 아버지께 드릴 기도의 제목과 예물이었다.

화장대 서랍을 열고 던져 버리듯 아무렇게나 넣어 두고 서랍을 닫았다. 투명인간처럼 말도 없고 대꾸도 없는 엄마가, 아내가 이상한 사람이라도 된 것처럼 눈치를 보는데도 나는 아무것도 몰랐다.

아침이 되어 교회를 갔다.

교직원 예배를 드리는 둥 마는 둥, 부목사님, 전도사님들의 인사를 듣는 둥 마는 둥 그렇게 사무실로 내려와 의자에 앉아 담임목사님이 들어오시는 줄도 모르고 창밖을 내다보고 있었다. 담임목사님을 보자 나도 모르게 눈물이 났다. 목사님이 잘못한 것이 하나도 없으신데 왜 목사님께 원망이 드는지 참으로 어이가 없다.

"나도 목회를 하면서 하나님을 이해할 수 없을 때가 많습니다. 나중에 하나님 앞에 가서 물어 봅시다."

담임목사님은 그렇게 내 마음을 만져 주시면서 당신도 목회를 하면서 너무 힘이 들 때가 많았음을 말씀하시면서 위로를 해 주셨다.

그렇게 위로도 해 주시고 며칠을 먼발치서 챙겨주시고 하시는데도 나는 결국 교회 일을 그만두겠다는 말씀을 다시는 어느 교회도 찾아 가지 않을 것이라 결심하면서 드렸다. 그것이 하나님 아버지의 마음을 아프게 하는 삶일 것이라 생각하고 그렇게 살아가려고 마음을 먹었다.

목사님께 편지를 썼다.

"목사님 저는 우리 교회가 오랫동안 함께 교회를 섬기고 아끼고 사랑해왔던 성도들이 많아서 좋습니다.

그 사람들과 하나님의 말씀을 같이 듣고 같이 은혜를 나누고 같이 감격하고 감동할 수 있어서 저는 우리 교회가 정말 좋습니다.

이런저런 말씀 드리지 않겠습니다. 그럼에도 그만두려는 저의 생각과 결심을 존중해 주세요."

그렇게 해서라도 나는 가급적 빨리 교회를 나가고 싶었다.

담임목사님은 같이 기도해 보자고 하셨다. 기도도 안 해 보고 왜 그러냐고 기도하라고 하셨다. 그러나 나는 기도하지 않았다. 하고 싶지도 않았다. 우리 교회를 너무 사랑하고 목사님도 너무나 존경하는데 나는 하나님 아버지가 미웠다.

철야예배에 참석을 했을 뿐이지 이미 나는 예배 자가 아니었다. 몇 번을 그렇게 참석만 하다가 몇 주가 지나면서부터 예배 시간에 울음만 나왔다. 기도는 하지 않고 엉엉 소리 내어 울기만 했다. 하나님 아버지는 나를 울게 하면서 계속해서 나의 마음을 만지고 계셨던 것이다.

'내가 너를 지명하여 불렀느니라.

너는 내 것이라.

내가 너를 사랑하는 줄을 누구보다 네가 더 잘 알고 있잖니.

그리고 네가 나를 사랑하는 것을 나도 잘 알고 있단다.

사랑하는 내 딸 명란아! 내 아들 예수를 생각해 보거라.'

이렇게 내 안에서 하나님 아버지는 말씀하시고 계셨다.

나는 예수님을 생각해냈다. 동생이 사고가 나고 땅에 묻히기까지 나는 예수님을 새까맣게 잊고 있었음을 그제서야 알았다. 그때부터 아무 것도 떠오르지 않는, 아무 말도 할 수 없는 뜨거운 눈물을 쏟아냈다. 하나님 아버지와 침묵으로 대화하면서 뜨거운 눈물 속에 하나님은 특별한 차별된 은혜로 내 안에 감정을 회복시켜 가셨다.

대심방 기간에 동생의 사고와 장례로 인해 우리 구역에서 우리 가정만 대심방을 드리지 못했다. 전도사님은 장례위로예배도 같이 드릴 겸 대심방 예배를 드리자고 제안하셨다. 화장대 서랍에 던져 버렸던 헌물을 꺼내 들고 기도했다.

"하나님! 죄송해요. 그동안 내 감정대로만 하나님을 원망한 것 용서해 주세요. 하나님 아버지께 드리려고 했던 예물인데 어찌 제가 다시 거두겠어요. 하나님 아버지 잘 아시지요? 한 가난한 과부의 두 렙과 같이 보잘 것 없습니다. 그러나 저의 마음을 받아 주세요."

대심방 헌금과 같이 예물을 드리고 나니 마음이 평안해졌다.
문득문득 눈물이 나는 것은 어쩔 수 없지만 믿음과 사명 잃지
않고 다시 일어서게 하시는 하나님께 감사하다. 지금의 슬픔도
곧 지나가게 하실 것이다. 하나님 아버지가 어떻게 이러실 수
있냐고, 이해할 수 없다고 질러대던 울분의 이유들을 속 시원
하게 알게 하실 것을 기다려 본다.

당신의 음성이 눈물이 나도록 듣고 싶어서

당신께로 돌아가야 됨을
그 간절한 마음을,
아니 사실은
당신께로 가고 싶어 바빠진 마음을 봅니다

잘 하였다고
아주 잘 하였다고
손을 흔들어 주고도 싶고
세차게 손뼉도 쳐 주고 싶고
힘을 다해 안아주고도 싶습니다

당신이시여 이 마음이
굳세어 질 수 있도록
어느 무엇에게도 이제는 양보되지 말게 하소서

당신이시여 이 다짐이
당신 앞에 머리 숙였을 때에도
또 다시 도망하지 못하도록
발목에 고삐라도 매여지게 하소서

그렇게라도
당신과 같이 있어야 됨이
행복하고도 평안한 것임을
저도 알고 당신도 아심이기 때문입니다

당신이 그리워
당신의 음성이 눈물이 나도록 듣고 싶어서
바쁘게 걸어온
당신에 사람을 환영하여 주실 것을

당신이시여 정말 고맙습니다

- 오늘도 당신으로 인하여 사는 것이 정말로 즐거워서 고맙습니다 -
김명란 시집 중에서

07. 부모형제 모두가 집사님이 되는
   그날을 기다린다

　엄마 아버지 그리고 남동생 모두가 집사님이라는 직분으로 천국에 가셨다. 부모님은 50세가 다 되어 고향을 등지고 나오셨으니 얼마나 힘이 들고 외로우셨을까!

　시골 고향 당신 땅에서 농사만 짓던 분들이시라 낯선 도시에서의 삶에 상처가 많았을 것이고 순수한 촌사람들이라 자존심과 자존감이라는 단어도 낯설었을 텐데 그러한 기분이 들 때마다 얼마나 많이 참아내셨을까! 비로소 그 당시의 엄마 나이가 되어 보니 순간순간 울컥해지고 가슴이 미어진다.

　시간이 지난 지금 친정 식구들을 한 사람 한 사람 생각해 보니 모두가 하나님을 믿는 그리스도인들이 되었다. 그 당시 하나밖에 없는 조카가 외갓집에라도 오면 어김없이 내게 교회 데리고 가지 말라며 엄포를 놓던 언니와 형부도 지금은 집사님이 되셨고 교회와 목사님을 사랑하며 섬기는 믿음에 가정이 되어 있다.

　집에서 가정예배만 드리고 있는 오빠네도 조만간 복된 가정이 되어 집사의 직분도 받고 교회와 목사님을 잘 섬기는 직분자가 될 것을 나는 믿음으로 바라본다.

가끔씩 오빠가 또 멀리 사는 언니가 전화를 걸어 아픈데 없이 잘 살고 있냐고, 교회 일 잘하고 있냐고 안부를 물어온다. 당신의 동생이 교회에서 일하는 직원인 것이 자랑스럽게 생각한다는 것을 나는 잘 알고 있다.

집안 행사 일에 참석을 거의 못하다 보니 처음에는 집안 어르신들이 찾으셨나 보다. 그때마다 오빠가 설명을 잘 해준 덕분에 많은 일가친척들도 교회에서 일하는 집사임을 많이들 알고 계시다. 이제는 의례 집안 행사에 참석할 것이라 생각 안 하시고 혹여 물어오면 교회 일이 바빠서 못 온다고 대신 얘기를 해주는 민망한 행복도 사실이다.

많은 사람들은 교회직원이 뭐 그리 자랑이냐고 말하겠지만 나는 그렇지 않다. 이리도 크고 좋은 성전에서, 감히 교회 일을 하는 것에 오늘도 여전이 감사하는 마음으로 아무도 봐주지 않고 크게 중요하게 생각하지 않을지라도 나름 성실하고 싶고 책임을 다하고 싶다. 이런 마음을 오빠와 언니는 알기에 공감하는 마음으로 안부를 묻는 것이리라.

중학교 2학년에 올라가면서 나는 가까운 교회를 혼자 다니게 되었고 그로인해 아버지는 대문도 때론 잠가버리고 오빠는 괜한 트집을 잡아 작대기 같은 큰 몽둥이로 나를 엎드려 놓고 때리기도 했던 기억이 난다. 그것이 핍박인지도 모르고 착한 마음으로 반항도 할 줄 모르면서 사춘기시절을 잘 보냈던 것이 하나님 아버지의 은혜였음을 이제야 깨닫는다. 30년이 지난 지금은 모두가 하나님을 잘 섬기는 믿음의 가정을 이루고 있다. 믿음 없는 생 가루 같은 우리 집에서 나는 감사하게도 아주 작은 누룩 덩어리였나 보다.

고향에 가면 친척들이 그대로 살고 계신 분들이 많이 계시다. 땅값이 어마어마하게 올라 있어 사촌들도 모두가 부자 소리를 들으며 살고 있다. 우리 사 남매도 시골 고향에서 그대로 살고 있었다면 큰 부자가 될 수 있었겠지만 그런 부자는 안 되어 있어도 우리 형제들은 천국 백성이 되어 있다. 그리고 돌아가신 엄마의 바람대로 화목하고 아끼고 위해주는 그런 형제들로 살아가고 있다.

하나님 아버지의 사랑이 아니고서는 될 수 없었음을 이제는 안다.

08. 엄마! 뭐 해??

완성도 되지 않은 글들을 우리 주영이가 제일 먼저 읽어 보게 되있다.

"엄마! 뭐 해?"

나는 그냥 웃으며 쓰던 원고 중에서 한 부분을 보여 주었다. 처음엔 무슨 소리를 할까 내심 기대하며 떨리는 마음도 있었다.

"엄마! 너무 재밌다. 이거 정말 엄마 이야기야?"
"엄마! 또 쓴 거 없어?"
"너, 이제 읽지 마. 나중에 출판되면 그때 책으로 읽어."
"아니, 엄마가 무슨 글을 또 썼는지 궁금해서 그래."

시험기간에도 안방에 들어와 내 책상에 널브러져 있는 원고들을 읽고 간다. 시험공부도 안 하고 그렇게 노닥거리는 모습이 못마땅해서 한 말인데 재미있게 읽어주니 사실 고맙다. 엄마가 글을 썼다고 하니 신기한가 보다.

글을 정리하면서 스스로 놀라는 것은 지나온 생활 가운데 많은 것들을 잊고 살아왔다는 것이다. 이제라도 다시 기억하여 떠올릴 수 있어 감사하다.

한 줄 한 줄 쓰면서 떠오르는 기억들이 참 반갑다. 지금은 웃으면서 여유로운 마음으로 그때 일들을 기억하는 것을 보니 나도 그만큼 세상을 잘 살아냈다 싶다. 길지는 않았지만 짧지 않은 시간을 지내오면서 힘든 일상을 살지 않기 위해서 때로는 버리고 내려놓으면서 내 맘대로 내 뜻대로만 살아지지 않는다는 것을 인정해야 함도 배웠다. 용서할 수 없어서 아니 하기 싫어서 고집부리고 살았던 그때에, 교회를 다니면서도 왜 진작 예수님을 만나지 못했을까! 그랬더라면 좀 더 일찍 자유로운 영혼이 되어 평안을 누리면서 살았을 텐데 하는 생각을 해본다.

이제는 예수님 십자가 사랑을 생각하면 원망과 불평할 그 아무것도 없다. 지내놓고 보니 그 당시의 내 삶이 평생 그렇게 살 것만 같은 불안한 생각이 많아 더 많이 힘들어 했고 그런 나약함이 내 자신을 사랑하지 못했음을 회개한다. 삶의 방향을 하나님께로 맞추고 그 삶을 위하여 나의 마음을 지키는 것이 지혜이며 또 내 마음대로 살아온 삶을 반복하지 않는 것이 방법임을 스스로 깨닫게 하시는 하나님께 감사드린다.

많은 양의 글을 쓰면서 또 다른 고민을 한다. 이 글을 읽어줄 가족, 특히 기준이와 주영이가 엄마의 이야기를 다 읽고 나서 어떤 생각을 품게 될까! 어떤 다짐이나 결심 같은 것들이 만들어질까! 그것을 은근히 설레는 마음으로 기대해 본다.

"하나님 아버지 감사합니다.

저만의 글을 쓸 수 있어 감사드립니다.

엄마가 살아온 이야기를 읽고 긍정적인 생각이 많아질 수 있도록 도와주세요. 우리 기준이와 주영이는 일찍 예수님을 만나게 해 주세요. 생활 신앙인의 삶을 좀 더 일찍 깨달아 바르고 분명하게 믿음으로 살아가게 해 주세요. 같은 곳을 바라보며 서로 돌아봐 주면서 살아갈 수 있는 배우자도 만나게 해 주세요. 일평생을 배우자를 전도하는 삶도 귀하겠지만 저는 기준이와 주영이가 믿음 좋은 배우자를 만나서 좀 더 일찍 큰 믿음의 그릇이 되어 선하게 쓰임받길 원합니다.

고단한 삶을 만날 때에도 좋은 생각을 찾을 줄 알게 하시고, 되어 질 일을 기대하고 기다릴 줄 아는 기준이와 주영이가 되게 하여 주소서."

09. 행복아카데미 학생이 되었다

어느덧 2학기도 종강을 한 달 앞두고 있다. 참 많은 은혜들을 나누고 믿음의 선한 경주하는 모습을 배우며 도전받기도 했던 수업들이었다. 앞으로 살아가면서 두고두고 참으로 뜻 깊은 시간이 되어질 것을 벌써부터 확신한다.

2학기는 회복의 삶에 장이었다. 수업을 통하여 영혼을 소중히 여기고 영혼구원이 우리 삶에 목적이 되어야 하며 우리의 본질을 영혼구원에 두어야 됨을 배웠다. 그것을 위하여 생활숙제를 하고 그것을 위하여 기도하며 적극적으로 구체적으로 전도하기 위해 노력해 가는 과정이 때론 거룩한 부담감으로 남기도 했다.

한 과 한 과가 끝나갈 때마다 각자 결심하고 결단한 것을 나누는 시간이 참 좋았다. 수업에 핵심적인 것들을 잘 파악하여 거기에 맞는 적용들을 찾아 나누게 되어 모두가 좋은 시간이 되었다. 내가 생각하지 못했던 부분들을 다른 방향에서 생각할 수 있게 되고 그것을 나눔을 통해 풍성하게 배워지는 시간이 되니 참 좋았다.

그런데 시간이 지나면서 또 다른 부담이 생겼다. 결단과 결심을 나눔대로 나의 일상생활에서 제대로 적용해 실천하지 못함이 반복되어질 때마다 나 자신이 자꾸만 거짓말하는 것 같아 부끄러워졌다.

"하나님 아버지!
행복아카데미를 통하여 참으로 귀한 것들을 배우고 깨달아가게 하심을 감사드립니다. 결심하고 결단하는 것을 나눔으로 마음에 새겨지는 것은 참으로 좋은데 문제는 그대로 행동으로 실천하지 못하는 저 자신이 거짓말쟁이가 되어가는 것 같습니다. 열매 맺는 결단이 되도록 도와주세요."

'회복을 위해 하나님은 성령을 주셨다.'라는 과를 나눌 때 담당 강의 목사님께서 수업을 위하여 도움이 되는 기도문을 준비해 오셨다. 황무하고 깜깜하기만 한 조선 땅에 처음으로 선교를 나오신 언더우드 선교사님의 기도문이었다. 기도문을 두 줄이나 읽으셨을까 갑자기 안경을 벗으시더니 얼굴을 책으로 가리셨다.

마침 목사님 바로 옆 자리가 내 자리라 흘러내리는 눈물을 볼 수 있었다. 함께 모인 우리 반 학생들은 처음엔 왜 그러시는지를 몰랐다. 나는 우리 반 반장에게 찬양 한 곡을 불러야 됨을 눈으로 사인을 보냈다. 반장도 금방 분위기를 파악하고는 찬양을 인도했다.

강의 목사님의 눈물을 보면서 나도 괜스레 목사님을 따라 뜨거운 눈물이 흘렀다. 그제서야 먼 쪽에 앉아 있는 학생들도 함께 눈물을 흘리며 찬양을 불렀다. 아직 아무 진도도 나가지 않았지만 우리 반은 웬일인지 다른 날과는 다르게 벌써 은혜가 충만했다.

이 땅에 황무함을 바라보며 이 땅에 깜깜한 현실을 바라보며 하나님 아버지에게 기도하는 그 선교사님의 영혼구원에 대한 간절한 마음이 강의 목사님은 공감이 되고 감동이 되어 눈물을 멈추지 못하시고 한동안 흐느끼셨던 것이다. 뒤늦게 우리 모두는 같은 마음으로 공감을 하고 감동을 받았다.

지금까지 수업을 하면서 지식적으로 영혼을 사랑하고 그래서 전도하여 그 영혼도 천국의 백성이 될 수 있도록 먼저 된 우리가 힘써야 됨을 배우고 나눠왔지만 오늘 강의 목사님이 흘리신 눈물이 그 남은 수업을 다 말씀해 주시듯 영혼을 사랑하는 마음이 어떤 것인지를 알게 해주는 큰 강의가 되었다.

느닷없이 당신은 요즘 머리카락이 너무 많이 빠져서 고민이라 하시면서 웃으셨다. 아마도 대머리 목자는 되기 싫으셨나 보다. 그날도 심방도 하시고 전도도 하시느라 밖에 많이 나가 계셨는데 얼마나 바람이 세게 부는지 순간 머리카락이 한 올이라도 더 빠지면 어떡하나 하는 생각에 머리를 감싸 쥐었다는 생뚱맞은 목사님의 고백을 듣고 우리 모두는 한바탕 행복하게 웃었다. 탈모에 좋은 것들을 아는 대로 하나씩 알려드리며 또 한바탕 웃으며 수업을 이어가는 천진하고 순박해 보이는 우리들의 모습이 참으로 좋았다.

목사님들도 저런 지극히 평범한 고민이 있다는 것이 새삼스러울 일도 아닐 것인데 그 눈물과 고민이 왜 그렇게 그날은 새삼스러웠을까!

인간적이고 감성적인 따뜻한 모습을 바라보면서 나 또한 영혼을 위해 뜨겁게 울 수 있는 복음의 빚진 자의 눈물이 되리라 다짐해 본다.

당신이 주신 사명과 몸은

아주 오래전
이 땅에 황무함을 바라보며
이 땅도 당신의 나라가 되기를 바라보며
이 땅에서 기도하던 영혼을 봅니다.

그 새까맣게 탔을 가슴속을 봐서일까
그 안타까움이 공감이 되었을까
그 큰 믿음이 감동이 되었을까
갑자기 흐르기 시작한 그것을
절제되지 않는 그 흐느낌을
당신을 향한 사모함을 들켜버린 또 다른 한 영혼을 봅니다.

샘물처럼 솟아 흐르는 아름다운 눈물을 보면서
당신을 품은 깊은 가슴속 언어들을 읽어내면서
모인 우리들의 가슴도, 눈가도 촉촉해짐을
당신에 사람일 수밖에 없는 우리들의 맑은 영혼을 봅니다.

당신이 주신 것이라며
머리털 하나라도 잃어버리면 어쩌나
힘차게 불어오는 바람을 흘겨보며

더 힘차게 머리털을 감싸 쥐었다는 햇살 같은 영혼을 또 봅니다.

당신을 생각만 해도
우리들 가슴은
언제나 눈물이 되고 미소가 되고 사랑이 됨을 깨달아봅니다.

이렇게
당신이 주신 사명과 몸은
한결같이 아끼고 위하여야 한다는 소명을
오늘도 숙명처럼 묵상하게 하심을 감사드립니다.

- 오늘도 나는 그 우물가에 앉아 본다 -
김명란 시집 중에서

10. 약한 사람들을
더 사랑하시는 예수님의 마음으로...

우리 교회에 전도하시는 분들을 보면 얼마나 대단하신지 모른다. 시간을 내어 전도하는 것도 어려운 일인데 자비로 전도용품 준비하는 것을 보면 정말 대단들 하시다. 그런 분들을 보면서 '나도 전도해야 되는데'라는 찔림이 사실 많았다.

더군다나 행복아카데미를 하면서 영혼을 위해 나눌 때에는 더욱 그랬다. 한 주간에 한 번 찾아가 얼굴도장 찍고 오는 것도 어려워하고 그것으로 만족하는 전도와는 무관한 삶인 것이 나의 본 모습이다. 그러니 여태 한 명도 전도하지 못한 것은 당연한 일인지도 모르겠다.

어느 날 오빠한테 전화를 걸어 "오빠, 내가 명색이 교회 직원인데 전도를 한 명도 못했어. 오빠네 식구라도 우리 교회로 등록을 좀 해줘요."라고 했다. 오빠는 알았다고 금방 올 것처럼 하더니 이래저래 바쁘다는 소리만 하면서 시원한 대답처럼 교회에 오지 못하고 있다.

그 후 나도 내가 할 수 있는 전도하는 방법을 찾았다.

이사를 와서 스스로 교회를 찾아오시는 분들이 가끔씩 있다. 이제는 사람만 봐도 이사를 와서 교회를 찾아다닌다는 정도는 느낌으로 금방 알아챈다. 얼른 뛰어나가 그분들에게 교회 주보를 드리며 반갑게 인사를 나누고 이런저런 대화를 이어 간다. 아무래도 교회 직원이라서일까 진지하게 들어줌이 느껴진다. 어떡해서든 한 번 더 교회에 나오실 수 있도록 주일에 사무실로 오시면 안내를 도와드리겠다고 그렇게 만나기로 약속을 하고 주일에 교구로 안내해 드리는 방법이다. 의외로 그렇게 해서 등록되어지는 새 식구가 있다.

전화를 걸어 문의해오는 경우도 꽤 있다. 그럴 경우에는 하던 일을 멈추고 오랫동안 통화를 한다. 주일날 만날 약속이 안 되면 상대방의 전화번호를 따로 메모해 교구로 연결해 드린다. 그러면 그 영혼도 교구에 의해 전도가 되는 것을 종종 보곤 한다.

*

"하나님 아버지! 이제부터 사무실로 오시는 분들에 구제비는 제가 드리겠습니다. 많이는 못 드리지만 지금처럼 드리던 만큼만 제가 감당하겠습니다. 감사하는 마음으로 공손한 마음으로 제가 사역하는 날까지 잘 감당되어 질 수 있도록 도와주세요."

그렇게 기도를 하고 전도하는 마음으로 구제비를 드리기 시작했다. 드려서 기분 좋은 분들도 계시고 주고 싶지 않은데 드려야 되는 분들도 사실 있다.

수요일마다 우리 교회를 찾아오시는 분이 계시다. 교회를 찾아오는 분은 그 누구를 막론하고 귀하다고 생각하면서 최선을 다해 섬기려고 하지만 이분만큼은 언제부터인가 친절하지 못하고 그저 의례적인 인사로 사무적인 언어로 대하게 되어 내 마음도 여간 싫은 게 아니다. 이분 말고도 서너 분이 더 계시다. 정규적으로 나름 요일을 정해 놓고 우리 교회를 찾는다는 것을 나중에야 알았다.

그 중에 이분은 한 달에 두 번 정도 꼭 수요일에 우리 교회에 오신다. 처음에는 공손하게 두 손으로 구제비를 드렸다. 어느 날부터 이분은 우리 교회에 식당이 있음도 아시고 점심시간을 알아두고 식사도 매번 하고 가셨다. 여름에 오시면 화장실에 들러 머리도 감고 거의 목욕을 하다시피 하고 가시는 것 같기도 하다.

중년을 전후해서 건강하신 것 같은데 교회에 출근하면서부터 지금까지 계속 만나고 있는 분이라는 게 어떨 땐 묘한 기분이다. 내가 사무실에서 일하는 사람이라는 것을 이분도 잘 알고 계신다.

사무실 저 끝에서 볼일을 보고 있으면 이분도 나를 알고 있기에 그곳에 많은 성도들이 있음에도 꼭 나만 쳐다보며 한쪽에 서서 구제비를 타기 위해 기다리신다. 만나부에서 식사를 몇 곱절을 하고 오셨음을 나는 알고 있기에 "다음에 오세요." 하고 가시게 한다.

그렇게 몇 달을 식사만 하고 다녀 가신지가 얼마 안 되어 이제는 노골적으로 사무실 문 밖에서 쳐다볼 때까지 기다리신다. 여간 신경이 쓰이는 것이 아니다. 구제비를 드리면 인사도 없이 획 가버리신다.

다음 주에 오시면 교회 다니시냐고 물어 봐야겠다. 그래서 가까운 교회에 나가보시라고 한번 해 봐야겠다.

지금에 모습처럼 처음부터 그렇게 태어난 것도 아닐 것인데 살다 보니 원치 않아도 그리 살아질 때가 있는 것을 누구보다 잘 안다고 하면서도 차별하는 마음이 내 안에 있음을 인정하며 아버지 앞에 머리를 숙인다.

또 한 분은 장애우이시다. 허리가 얼마나 굽었는지 똑바로 서서 걷지 못하시는 젊은 분이시다. 이분은 화요일 오후에 오신다. 간식이 있으면 간식도 드리고 음료수가 있으면 음료수도 드리며 구제비를 손에 쥐어준다.

그러면 이분은 꼭 고맙다고 인사를 한다.

"아이고~ 집사님 복 많이 받으세요. 맛있는 거 주셔서 감사합니다."

"제가 집사님인 것은 어떻게 아세요? 교회 다니세요?"

아마도 우리 교회뿐만 아니라 인근에 교회는 다 다니시는 것 같다. 예수님을 믿으라고 그래서 꼭 천국에 소망을 가지고 집에서 가까운 교회에 꼭 나가시라고 다음에 오시면 전도를 해야겠다.

어느 겨울날 치아가 거의 다 빠지신 할아버지가 지팡이를 짚고 교회를 찾아오셨다. 몇 푼 안 되는 구제비임을 알기에 나도 마음이 편하지는 않았다.

"할아버지 댁이 어디세요? 눈이 와서 길도 미끄러운데 어떻게 다니세요?"

그러면 할아버지는 대답도 없이 그냥 환하게 웃으면서 나가신다.

"할아버지 잠깐만요. 집에 김치랑 쌀은 있으세요? 내일 다시 오실 수 있으세요?"

전화번호를 불러달라고 하니 전화번호도 똑바로 알려 주신다.

다음날 나는 김치 한통을 썰어 담고 들고 올 만큼 쌀독에서 쌀도 퍼냈다. 그렇게 양손에 김치랑 쌀을 들고 집을 나왔는데 걸을수록 여간 무거워 힘이 든다. 찻길이 아니어서 되돌아가지도 못하고 그렇게 쉬엄쉬엄 교회로 간신히 왔다. 하루 종일 기다려도 할아버지는 오시지 않으셨고 전화를 걸어도 받지 않으신다.

며칠이 지나서 그 할아버지가 말씀도 안 하시면서 사무실 문밖에서 나만 쳐다보고 계셨다. 나는 왜 그렇게 반가운지 "왜 이제야 오세요."하며 반갑게 맞았다. 많이 아프셨단다.

냉장고에 두었던 김치와 한쪽에 놔뒀던 쌀을 드리니 얼마나 고마워하시는지 모른다. 그 주름 많은 얼굴에 환한 미소가 지금도 눈에 선하다.

들고 가실 수 있으시겠냐는 말에 묵묵히 받아 들고 나가신다. 지팡이도 짚으셨는데 내가 잘못했나 싶다.

그렇게 다녀가신 한 달 후에 또 오셨다.

우리 교회 사랑나눔봉사단에서 반찬봉사를 담당하시는 부장님에게 연결을 해 드리고 마침 우리 교회에서 예수사랑 새 생명 대축제 기간이라 전도해야 되겠다 싶어 "교회 다니세요?" 하고 물어보니 안 다니신다고 했다.

나는 주일에 시간을 정하여 또 만나기로 약속을 하고 구제비를 드렸다. 그런데 만나기로 약속한 주일날 오시지 않았다. 그렇게 몇 주를 계속 약속을 지키지 않으시면서 주일을 피해서 다녀가시기만 하시니 내 맘에도 처음과는 다르게 달라졌다.

그리고 어느 날부터는 안 오신다. 어르신도 교회도 안 나오면서 구제비만 받아 가시기가 미안하셨나 보다. 그렇게 겨울이 다 가도록 안 오셨다. 길이 미끄러워, 감기에 걸리셔서, 눈이 와서 못 오시나 보다 했다. 그런데 겨울이 다 지나고 온갖 꽃들이 피도록 어르신은 안 오셨다. 전화를 걸어 봐도 받을 수 없다는 자동음성만 들린다.

많은 꽃들이 활짝 피었다가 지고 꽃가루만 흩날리는 5월이 훨씬 지나서 그 어르신이 교회를 찾아오셨다. 얼굴은 더욱 수

척해 보이는 것이 건강한 모습이 아니었다.

사무실 문을 밀며 들어오시는 모습이 어르신도 많이 반가우신가 보다. 나는 벌떡 일어나 반가운 인사를 나누었다. 그동안 혼자 살던 집을 이사하셨고 겨울 내내 많이 편찮으셨다는 말씀도 하시며 식사는 어떻게 하셨냐는 질문에 반찬도 없이 간장에 밥만 드신다고, 치아가 없어서 반찬이 있어도 잘 못 드신다고 웃으시면서 말씀을 하셨다. 그동안 누가 들어주는 사람도 없이 혼자서 외로우셨나 보다.

"어르신, 이제는 예수님을 믿어야 돼요. 지금까지도 힘들고 고생만 하시면서 살아왔는데 예수님 믿고 천국 소망 가지고 사셔야지요. 이번 주에는 저랑 같이 꼭 예배드리도록 하세요."

기운이 없어서 빨리 걸어오실 수가 없어서 주일날 예배시간 맞추기가 어렵다는 말씀을 하신다. 예배를 드리고 싶은 마음은 간절하신가 보다.

"어르신! 주일날 오실 때는 버스를 타고 오세요. 예배드리시고 우리 교회에서 점심식사도 하시고 사무실로 오시면 차비도 드릴게요. 이번 주부터 꼭 오세요. 아셨죠?"

　그렇게 해서 이번 주에는 같이 예배드리기로 약속을 받아냈
다. 그리고 주일날 정말로 예배를 드리러 오셨다. 내가 우리 교
회에 등록 이후 두 번째로 전도를 하게 된 것이다.

　한편으로는 연세도 많으시고 건강하지 못하시며 또 도움을
드려야 하는 새 가족이여서 왠지 섭섭한 마음도 사실이지만 그
런 바르지 못한 생각을 바로 회개하고 한 영혼을 귀중히 여기
는 예수님의 마음처럼 많은 사람들이 교회로 찾아올 수 있도록
깨어 있는 마음이 되어야 겠다고 다짐을 한다.

　"하나님 아버지 감사합니다.
　기도하던 태신자를 보내주셔서 정말 고맙습니다. 세상에서 고단
　한 삶을 살다 지쳐 찾아온 연약한 영혼을 받아주시고 남은 삶을
　예수님 믿는 믿음으로 천국 소망을 두고 평안한 안식을 누리며
　살게 하여 주소서."

　전도할 마음과 섬기고자 하는 마음만 가지고도 방법이 찾아
지고 실천할 수 있었음을 배웠다. 하고자 하는, 드리고자 하는

마음이 가장 중요한 것임을 다시 한 번 깨달아지는 것을 느꼈다. 마음이라는 그릇에 하고자 하는, 드리고자 하는 마음이 담아질 때 전도할 방법을 찾으니 전도할 수 있었다. 섬김의 방법을 찾으니 부끄럽고 빈약한 흉내였지만 그럼에도 큰 보람을 찾았다.

이제야 이렇게 담아내기 시작한 빈약한 그릇에 점점 풍성하게 많은 것들이 담아지기를, 보잘 것 없어 보이는 것들일지라도 예수님이 기뻐할 마음만을 생각해 보면서 앞으로도 할 수 있는 일들을 찾아 행동해 우리 교회에서 전도하시는 분들에게 배웠던 것처럼 누군가에게도 배움이 되어줄 수 있었으면 하고 바래본다.

11. 오늘은 새벽에 기도했니?

"집사님! 오늘 새벽기도 나오셨어요?"
"아니요. 저 오늘 못 나왔어요."

"집사님! 오늘은 새벽기도 나오셨어요?"
"아니요. 저 오늘도 못 나왔어요."

처음에는 별 생각 없이 웃으면서 인사를 하고 기도 못했다는 소리도 부담 없이 나누었다. 그런데 같은 말씀만을 하시는 연세도 여든이 되신 분이 교회를 자꾸만 찾아오신다. 그러면서 꼭 새벽기도 했냐고 확인을 하시니 나도 나중에는 솔직히 죽을 맛이다.

명색이 교회 사무실 집사가 기도 못했다는 소리도 한두 번이지 매번 못했다고 대답하기가 싫었다. 나도 모르게 이젠 자꾸만 오시지 말라고 눈치를 준다.

그것을 아셨는지 이제는 지나시다가 들리셨다면서 새벽기도 하셨냐고 물어 오신다.

연세가 많이 잡수신 분들은 때론 무섭다. 당신이 궁금한 것은 또 할 말은 어찌 됐건 꼭 하셔야 된다. 상대방의 기분이나 입장은 당신이 살아오신 연륜에서는 그렇게 크게 중요하지 않게 보이며 다만 당신이 지금 해야 될 말이나 행동만이 더 중요하다. 지내놓고 보면 그것이 다 맞다. 그리고 옳다. 나도 그것을 전혀 모르진 않았다.

그래도 때론 그냥 좀 가시지 꼭 들려서 다른 말씀도 안 하시고 그것만 물으시니 이제는 솔직히 저만치서 오시는 것이 보이면 숨고 싶어진다.

사실 이분 덕분에 새벽기도를 그나마 하고 있었는지도 모를 일이다. 어떨 때는 부끄럽고 민망해서 좀 거짓말을 하고 싶은 적도 있다. 하지만 몇 번 해보니 그것도 사실 여의치가 않다.

"집사님! 오늘 새벽기도 나오셨어요?"

"네. 나왔어요."

"그래요. 나는 못나왔는데 오늘은 어느 목사님이 설교하셨어요?"

"??"

이젠 교회 정문으로 들어오시는 모습이라도 뵐라치면 내가 오늘 새벽에 기도를 했나 생각을 하게 된다.

이번 주에는 어디가 편찮으신가 한 번도 다녀가시지를 않았다. '새벽 기도를 세 번이나 했는데...' 하면서 오히려 어르신을 기다리는 이상한 내가 되었다. 언젠가는 나도 매일 새벽마다 새벽기도를 하는 성도가 되어 있을 것이다. 그때는 이분을 기억하면서 감사하는 마음이 될 것이다.

행복아카데미를 시작하면서 내 마음에 또 다른 찔림은 새벽에 기도하는 삶이 되지 못함이었다. 나의 기도를 도우시는 하나님 아버지는 새벽에 기도하기를 마음에 품고만 있는 나를 누구보다 잘 알고 계실 것이다. 마음뿐인 육신의 연약함을 지금도 만져가고 계심을 나는 믿고 있다.

그래서 하나님 아버지는 이 귀하신 분을 통하여 기도해야 함을 잊지 않도록 그것을 위하여 끊임없이 새벽에 기도했냐고 묻는 것이다. 나는 언제부터인지 감사하게도 어르신의 말씀을 하나님 아버지의 음성으로 듣고 있다.

"오늘 새벽엔 기도했니? 또 못했어?" 그렇게 나에게 하나님 아버지는 말씀하고 계셨다.

오늘은 못했어도 기도하고 싶은 마음만은 잃지 않게 하시려고 나에게 천사를 보내서서 기도생활을 인도하고 계심을 나는 이제 알았다. 이번에 오시면 따뜻한 차라도 한 잔 공손하게 드려야겠다. 기도의 삶을 살찌워주실 귀하고 소중한 분을 보내주신 하나님 아버지께 오늘은 꼭 잊지 말고 감사인사를 드려야겠다.

나도 30년 후에 여든쯤이 되어 또 어느 집사님을 매주 찾아가 "집사님 오늘 새벽에 기도하셨어요?" 하는 하나님 아버지의 도구로 쓰임 받을지 그것을 어찌 알겠는가!

꼭 그럴 것만 같으니 마음에 품고 있어볼 일이다. 그러면 일이야 하나님 아버지가 알아서 해주실 것이니… 참으로 나의 하나님 아버지는 나를 행복하게 하는 특별한 생각을 풍성하게 주시는 분이시다.

12. 이제는 하나님 아버지의 마음을
헤아리며 살고 싶다

행복아카데미 수업을 들으면서 내게 가장 많이 생각하게 하고 배움이 되었던 것 중에 하나는 하나님 아버지의 마음을 늘 염두에 둘 수 있게 된 것이다. 그동안 하나님 아버지를 사랑한다고 수도 없이 고백하면서 살아왔지만 나의 삶이 하나님 아버지의 마음에 어떠할지는 중요하게 생각하지 않았다.

"하나님 아버지의 마음이 무엇인가?"라는 질문에 자기 자신밖에 모르던 어린 자녀가 철이 들면서 생각이 깊어지고 다른 사람도 생각할 줄 알게 되는 모습으로 조금씩 갖춰가는 것은 의미 있는 일이다. 하루 일과를 살찌울 수 있는 순간순간을 생각하게 하며 분명한 생활로 이끌어 갈 수 있는 은혜가 되는 큰 질문이다. 수업의 시간이 더해질 때마다 그것이 내 일상에서 나도 모르게 의식을 하게 된다.

때로는 하나님 아버지의 마음이 아플 것을 알면서도 고집을 부리는 일도 많았고 이것만은 안 되겠다 싶은 것은 흉내도 내지 않으려고 하는 부분도 사실 많이 있었다.

지내온 삶을 돌아보니 나는 하나님 아버지의 마음을 정말 많이 아프게 하면서 살아온 못난이 중에 최고로 못난 사람이었다. 그것을 의식도 못하고 그것에 익숙해져 나만 좋아서 드리는 예배, 기도가 될 뻔한 것을 이제라도 알았으니 참 다행이다. 행복아카데미 덕분에 조금씩이나마 하나님 아버지의 마음을 헤아리는 성도로 다듬어지고 있다.

하나님 아버지의 마음을 여러 모양으로 너무나 아프게 했다. 하나님 아버지가 싫다고 하나님 아버지가 밉다고 왜 나만 미워하냐고 그러면서 나는 하나님 아버지를 떠나 두고두고 아버지 마음을 아프게 하면서 살아가겠다고 했다.

내 딴엔 열심히 성실하게 살아보려고 힘을 내고 애를 쓰는데 하나님 아버지는 나를 모른 척 내버려 둔다고만 하는 섭섭한 마음이 그때는 얼마나 많았는지 부끄럽기만 하다. 참으로 섭섭한 마음이 드는 것처럼 나를 힘들게 하는 시험거리도 없는 듯하다. 나의 어리석은 작은 마음은 탓하지 않으면서 다른 사람에 대한 섭섭함은 어쩜 그렇게 순간순간 잘도 하게 되는지…

그렇게 내가 힘이 들어 이제는 제발 그것을 달라고 울면서 때를 쓸 때 '하나님 아버지의 마음은 어떠하셨을까! 나에게 필요한 것이 무엇인지 잘 알고 계시면서도 줄 수 없는 하나님 아버지 마음은 얼마나 힘이 드셨을까! 또 그럼에도 주고 싶은 마음을 참으시느냐고, 모른척 하시느냐고 얼마나 힘이 드셨을까!'라는 생각을 이제야 해 본다. 줄 수 없어서 주지 못함도 마음이 아프겠지만, 모든 다 줄 수 있음에도 그것을 주어서는 안 되는 심정이야 오죽하겠는가!

부모가 되어 자식을 키워보니 의외로 그런 상황들이 많으며 그것이 더욱 힘든 것임을 이제야 깨닫는다. 자기 뜻대로 해주지 않는다고 부모를 미워하고 당신이 싫다고 소리를 지르며 당신이 어떻게 나한테 이럴 수 있느냐고 당신을 떠나겠다고 이제부터는 당신의 마음이 아프도록 막 살아보겠다고 하면 그 부모 마음은 어떻게 되겠는가! 부끄럽게도 내가 하나님 아버지 앞에 꼭 그런 딸이었다.

나는 지금 당장 물질이 절실히 필요한데 아버지는 물질은 주시지 않고 물질을 취할 수 있는 사람을 만나게 하시거나 험한 곳으로 나를 아주 밀어 넣어버리셨다. 그것이 얼마나 섭섭한지 아버지는 왜 나한테만 이러시는지 야속했던 것이다.

거기서 배우고 극복하라고 그래서 완전하게 네 것이 되게 하라고 하는 하나님 아버지의 방법임을 알면서도 나는 그때는 그 방법이 싫었다.

　처음 1학기 수업을 시작하면서 읽게 된 "예수님과 함께한 저녁식사"라는 짧은 내용의 책은 순간순간 찾아드는 섭섭한 마음을 멀리할 수 있도록 깔끔하게 정리해주는 아주 감사한 책이 되어 주었다. 나를 나보다도 더 세밀하게 잘 아시는 하나님 아버지는 분명하고도 확실하게 당신의 마음을 알게 하시려고 이 책을 보게 하시고 깨닫게 하셨다. 나를 돌아보시는 하나님 아버지의 마음을 알고 얼마나 가슴이 울컥했는지 모른다.

　나의 마음속 깊은 바닥까지 세밀히 살피시는 그 사랑을 어찌 모른 척 하겠냐 만은 연약한 마음에 언제 또 발병이 되어 당신의 마음을 후벼 팔지 아버지도 이미 아시고 계셨나 보다. 그렇게 나보다도 더 나를 잘 아시는 하나님 아버지는 그것이 또 걱정이 되어 먼저 당신의 마음을 알 수 있도록 이끄셨던 것이다.

　하나님 아버지의 마음이 분명하게 깨달아지니 이 책을 나만의 책장 은밀한 곳에 보관하면서 섭섭한 마음이 찾아올 때마다 찾아보려 한다.

　행복아카데미 교육을 통해서 많은 책들을 만나 하나님 아버지의 마음을 소중히 여기는 자녀가 되어가는 삶이 되니 참으로 감사하다.

그것을 나의 숙명처럼 일상 앞에 마주함이

지금도 감사한 것은
긴 터널을 잘 지나가고 있음이고
불평도 불만도 없이
당황하지도 방황하지도 않으며
조금씩 앞으로 걸어가 봄이 얼마나 다행이고 감사한 일인가

한 발자국씩 옮겨질 때마다
어둠에 터널을 지나감이 기쁘다

또 한 발자국씩 옮길 때마다
내 삶에 빛을 맞이하는
내 일상에 영화를 맞이하는
환경이 가까워짐을 알기에 기쁜가 보다

참으로 고단한 영혼이었다
참으로 답답하기만 했던 영혼이었다

이 영혼으로 인해
또 다른 영혼을 멍들게 하고
또 다른 영혼에 발목을 붙잡아버린

이 영혼은 그렇게 어리석은 모습이 너무도 많았다

이제 와서
버리지도 못하는 아니 버려서도 안 되는
그것을 나의 숙명처럼 일상 앞에 마주함이
그것을 나는 감사하며 기쁘다고 말하고 싶은가 보다

- 오늘도 당신으로 인하여 사는 것이 정말로 즐거워서 고맙습니다 -
김명란 시집 중에서

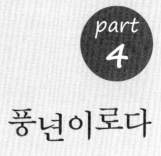

part 4

풍년이로다

01. 결코 불행하지 않은 내 삶의 고백

아침에 눈을 뜨면 교회로 가는 출근길이 얼마나 좋은지 마음이 설렌다. 봄이면 각종 꽃들을 보면서 교회를 향하고 여름이면 장마 빗소리를 들으며, 구두를 적셔가며 그렇게 행복하게 교회를 향했다. 어느 봄날은 돋아난 새싹에 반하고 또 어느 여름날은 징그러운 큰놈의 지렁이를 만나 "엄마야!" 소리를 지르면서도 교회 가는 길은 나를 행복하게 해줬다.

가을이면 가을, 겨울이면 겨울 그렇게 나는 나름대로 나만의 노트에 시를 쓰면서 한 폭의 커다란 도화지에 그림을 그리듯이 계절을 그리며 그 계절을 주신 하나님을 찬양하면서 날마다 씩씩하려고 애쓰면서 똑같은 길을 걸어가길 어느덧 많은 시간을 지나고 있다.

초등교육이 전부가 될 시골 마을에서 오빠인 장남을 공부시키고자 대를 이어 살아온 고향을 떠날 수 있는 마음을 아버지께 하나님이 주셨다. 오빠는 공부보다는 운동에 재능이 많았고 열정과 열심히 있었지만 옛날 사고방식에, 아버지는 고향을 떠나온 보상에, 운동하는 아들을 용납하기가 어려웠을 것을 이해

한다.

그렇게 대학에 진학하지 못한 오빠 덕분에 아버지의 한풀이는 바로 밑에 고등학교 진학을 앞둔 나에게로까지 불똥이 튀었다.

땅이 많은 부자 소리를 들었지만 시골 농부의 자녀인 나는 고등학교도 못 갈 신세가 되었다. 방직공장이 나의 첫 직장이 되었을 뻔했던 중학교 3학년 마지막 겨울방학은 얼마나 두렵고 불안했는지 모른다. 처음 부모님 곁을 떠나온 나는 많이 울었고 하루 종일 한마디 말도 하지 않고 가르쳐주는 일만 했다.

공장과 기숙사에서 두 달 가까이 생활하고 있을 때 내가 알지 못하는 우여곡절 끝에 간신이 상업고등학교에 들어가는 행운이 쥐어졌다. 어린 마음에 언제 또 학교를 다니지 못할 상황이 될까 싶어 열심히 밤새워 공부하는 학생이 되었다.

학창시절 삼 년 내내 몇 달을 다녔는지 모를 학원 생활은 나에게 최고의 사치가 되었으며 나를 사랑하는 엄마는 보람을 느끼며 매번 웃으면서 학원비를 몇 번인가 주셨다. 그것이 엄마의 최선이심을 나는 어린 나이였지만 알고 있었다.

큰 회사 입사시험에 합격을 했다. 그런데 들뜬 마음으로 회사를 다니기를 몇 달 안 되어 몸이 이상하게 아팠다. 안타깝게도 회사를 그만 두어야 했다. 회복기간 일 년을 다양한 책을 읽으며 나름대로 글을 쓰면서 집에서 보내는 여유로움이 내 삶에 가장 귀한 휴가였음을 그때는 몰랐다.

건강한 몸으로 회복을 하고 다시 집에서 가까운 눈에 띄는 회사들을 찾아보며 취직을 준비했다. 생각보다 훨씬 빨리 취직이 되었다. 입사 삼 개월 만에 전례 없이 본사 큰 부서로 옮겨가는 특혜의 주인공이 되었다. 그렇게 평탄하고 인정받으면서 살아낼 인생이 내 것인 줄만 알았다.

부모의 그늘 아래서 언제나 이기적이고 철부지인 모습으로 간절히 부르짖어야 할 기도제목도 찾지 못한 채 새벽마다 하나님 앞에 가야 할 목적도 없이 자기만족의 생활을 나도 모르게 즐기며 청년 시절을 보내고 있었다.

남들 눈에는 착하고 성실하며 순수하게 보였는지 같은 사내나 거래처 남자직원들에게 또 교회 남자 청년들에게 받는 기분 좋은 설레임도 종종 있었다. 지금 생각하니 어울리지도 않게 얼마나 도도하고 쌀쌀맞았는지 어떻게 그렇게 당당하고 당찬 모습일 수 있었는지 모르겠다. 그때는 사람 보는 눈도, 지혜도 왜 없었는지 안타까울 뿐이다.

가장 기억이 나는 것은 같은 교회에 전도사님이시다. 나에게 관심을 갖고 있다는 자체가 쌀쌀맞게 해도 되는 이유가 되었고 오만함으로 여러 번 상처를 준 것 같아 내 마음에 오래도록 기억이 된다. 지금은 어디에서 어떤 사모님을 만나 목회를 하고 계실지...

그러다가 지금에 남편을 만났다. 연애도 한번 못해보고 나는 그만 온 마음을 다 빼앗겨 버린 것처럼 좋아했다. 그래서 가난한 남편이었지만 함께 직장생활하면서 열심히 노력한다면 건강하고 행복한 가정을 만들 것이라 확신하는 자신감이 넘쳤다. 그렇지만 인생이 만만치 않음을 너무 일찍 깨닫는 결혼생활이 되었다. 되돌리기엔 자존심과 겨자씨만한 믿음이 나를 용납하지 않았다.

중, 고등학생 시절에 시어머님의 바램으로 서너 번 교회마당을 밟아본 것이 다인 남편은 결혼 후 삼 년간 묵묵히 혼자 교회를 다니는 나를 지켜보고 있었다.

착한 마음과는 다르게 참으로 물질 때문에 나의 마음을 상하게 했던 일들이 많았고 지금까지도 그렇다.

신혼 초부터 여러 번 옮겨 다니는 직장생활로 미안했을 것을 모르지 않았지만 묵묵히 직장생활에만 집중하면서 웃음을 잃지 않으려고 애씀에도 불구하고 용서가 되지 않을 쓴 뿌리로 내안에 부정적인 신념이 만들어짐을 그때는 알지 못했다.

나중에 안 일이지만 결혼에 모든 비용을 카드로 계산하고 결국엔 그 카드대금 때문에 혼자서 열심히 모아온 적금을 다 깨야만 하는 현실을 받아 드리기가 힘들었다. 하지만 나의 자존감 있는 결혼생활을 위해 나는 혼자 묻어야만 된다고 생각하고 그 어느 누구에게도 의논이나 하소연하지 않았다. 그렇게 혼자서 나의 마음을 다독이며 결혼생활과 직장생활을 병행해 나갈 때 카드사건과 다름이 없는 통 큰 사건이 또 드러났다.

결혼 후 2년 만에 이해할 수 없는 대출금 상환 독촉장은 남편에 대한 실망을 넘어 나 자신을 참으로 비참하게 만들어버린 안타까운 사건이었다.

처음부터 사정 설명을 해주기가 쉽지는 않았겠지만 솔직했더라면 계속해서 이어지는 거짓말들은 없었을 것이고 오히려 이해와 용서받음이 더욱 힘을 내어줄 동기가 됐을지도 모를 기회를, 기회로 만들지 못해 서로가 힘든 생활을 하게 되었으니 참으로 안타까운 일이었다.

남편은 무조건 신뢰해야만 하는 대상이고, 그러고만 싶은 내 인생이고 싶었는데 맘과는 다르게 너무 일찍 남편을 향한 믿음이 깨져버리게 하는 큰일들에 나는 야속하기만 했다. 이로 인해 나는 혼자서 오랫동안 심한 몸살을 앓았다. 그리고 남편을 지나 시댁식구에 대한 신뢰도 그때부터 무너졌다.

겉으로는 조용하면서 얌전하게 야무지게 살아가는 모습으로 보였겠지만 나는 그분들을 사랑하지도, 아끼고 위하는 마음도 없었다. 그런 내 자신이 때론 싫었지만 내 마음이 내 맘처럼 용서되지 않았다. 한 번이라도 찾아와서 그때 사정을 이야기하며 미안하다는 한마디 말만 해줘도 지금까지 이렇게 힘든 시간을 보내지 않았을 것이다. 내가 모르고 있는 줄 알기에 괜한 일을 만들고 싶지 않았을 것이라고 혼자 애써 변명해보지만 그런 생각도 그때뿐이다.

그렇게 남편을 향한 신뢰와 사랑이 황폐하고 황량한 마음으로 또 들쑥날쑥한 믿음으로 삼 년 가까이 혼자 교회를 다녔다. 어느 날 다니던 교회의 부흥회를 통하여 성령 충만해진 나는 건축헌금을 작정을 했고 그렇게 집으로 돌아간 날 남편은 자기도 교회에 다니고 싶다고 했다.

교회의 무엇이 당신을 그렇게 잠잠히 살게 하는지 알고 싶다고 했다. 나는 너무 기쁘고 기뻤다. 결혼하면 교회에 다니겠다고 했던 약속을 이제야 지키나 보다 하며 감사했고 '그래 더 열심히 살아야지 더 많이 아끼고 위해줘야지.' 하면서 속으로 다짐했다.

남편은 나를 위해서라도 성공하고 싶은 마음이 많음을 나는 잘 알고 있다. 미안하다는 말도 못할 정도로 많은 일들이 계속해서 생겼지만 열심히 살려는 남편의 의지를 보면서 힘을 주기 위해서라도 나는 미련할 만큼 더 많이 사랑하면서 검소하게 생활을 해 나갔다.

나는 남편과는 다르게 안정된 직장생활을 했으며 나름대로 회사에서 인정도 받아 대우도 꽤나 좋았다. 결혼 몇 년 만에 작은 아파트를 장만할 수 있었고 자동차를 구입하고 한참 뒤늦게 아들도 낳았다. 남부러울 것이 없을 정도로 행복하게 평안하게 살아갈 수 있어 너무 감사했다.

그렇게 안정을 찾아가고 있을 무렵 나는 그렇게 오래도록 다닌 회사를 퇴사하기로 결정했다. 안타깝게도 이 나라가 IMF를 발표한 달이며 이로 인하여 불안하고 어수선한 시기이기도 했다.

그럼에도 가정에 충실한 주부가 되고자 꿈을 꾸니 나는 세상을 다 얻은 듯이 너무나 행복하고 좋았다. 나도 이제야 현모양처에 꿈을 이루나 보다. 된장 고추장 담을 생각에 기뻤고 베란

다에 투박한 크고 작은 질그릇 항아리들을 모아놓고 각종 효소들을 만들어 두어 햇살 가득한 장독대를 만들 생각들은 더없이 기뻤다.

회사를 그만 둔지 일 년이 지난 어느 날 남편은 사업을 해보고 싶다고 했다. 나는 "잘난 마누라 덕에" 라는 소리를 듣기 싫어한다는 것을 알고 있었기에 "그래요. 열심히 한번 해봐요." 하면서 해보려고 하는 마음에 걸림이 될까, 남편에 앞길을 막는 어리석은 여자라도 될까 싶어 일을 해 볼 수 있도록 힘을 실어줬다.

꼼꼼한 계획대로 남편은 많은 자금을 끌어 모아 일을 시작했다. 업종도 잘 선택을 했고 또 열심히 해 나가는 모습을 보면서 결혼초기에 겪었던 많은 일들을 보상이라도 받나 싶어 '그래, 참아주길 참 잘했지.' 라고 스스로 생각하면서 평탄하게 살아갈 것을 기대했다.

일을 시작한 지 일 년이 되어갈 무렵부터 처음과 다르게 남편은 힘들어 했다. 결국엔 많은 빚더미만 떠안은 채 사업장 문을 닫기로 결정했다. 지금에 와 생각하면 불성실하고도 책임감이 전혀 없는 선택이었으며 지금까지도 우리 부부는 두고두고 후

회하는 일 중에 하나가 되고 말았다.

죽을 것 같아서, 그렇게 너무 힘이 들어서 그만 둬야겠다고 고백하는 남편이 그 당시에는 너무 안쓰럽고 애처로워 보였다.

그렇지만 지나온 십수 년 세월을 회상해 보면 그것은 너무도 어리석은, 세상물정 모르는 선택이었으며 고생 없이 살아온 삶이었음을 증명이라도 해주는 결정이었다. 고생을 할 때는 해야 되고 그것이 기회이며 그것이 꿈을 이루는 동기가 됨을 그때는 안타깝게도 몰랐던 것이다.

그로인해 수년간 맞벌이로 힘들게 모아온 물질은 남은 것이 없었으며 아무 것도 해준 것이 없는 두 자녀만이 덩그러니 커가고 있었다.

세상사 내 맘대로 되는 것이 아무것도 없다는 것을 뼈저리게 느꼈다. 아이들을 좋은 환경과 형편에서 즐겁게 학교생활 할 수 있도록 해주고, 모두가 기뻐해주고 대견해하는 대학교육을 받게 해주는 것이 나의 행복이라고 생각했는데 그것도 나에게는 허락되지 않은 것인가 보다 하면서 얼마나 순간순간 울었는지 모른다. 자녀 교육에 남다른 집착 같은 것이 있는 나를 그때는 잘 몰랐었다. 아마도 철없을 나이에 겪었던 해프닝이 나도 모르게 작은 상처가 되어 어느새 깊이 자리를 잡고 있었나 보다. 그래서 그것이 언제부터인가 나의 작은 꿈이 되었는지도 모르겠다.

그저 건강하고 바르고 공손한 아이들로 학교생활 성실하게 잘 해주는 것에만 감사하는 그런 엄마로 웃어주며 살았다. 그 또한 얼마나 큰 축복인지 모르지는 않았지만 그렇게라도 나를 위로하며 살아가 보지만 순간순간 가슴이 아프고 남편을 향한 원망이 샘솟듯 일었다. 일용할 양식을 부족함 없이 주시는 하나님 아버지께 욕심이 넘쳤음을 이제야 고백한다.

기준이와 주영이는 괜한 욕심으로 힘들게 살지 않았음 하는 바람이다.

심은 대로 거두며 사는 삶이어야 하는데 심지 않고, 준비하지도 않고, 배우려고 하지도 않으면서 머릿속에 욕심 덩어리만 키워내어 그 신념으로만 살아가려는 과욕이 결국은 힘든 여정을 만들어내고 열심히는 살면서도 정작 내 것으로 쥐어지지 않는 삶이었음을 이제야 바라본다.

지금 남편은 새로운 일을 열심히 해 나가고 있다. 그 사이 남편은 큰 사고로 두 번째 생명을 주신 하나님 아버지를 만났다. 이제는 정말 일하다 죽을지라도 두려움 같은 것은 없단다. 자기 때문에 지금까지도 힘들게 살아가고 있고, 뒤늦게 얻은 자식들에게도 욕심껏 뒷바라지 못해준 나의 마음을 채워주기 위해 힘을 내려고 끝까지 노력하는 마음이 참으로 감사하다.

지금까지 살아오면서 기도의 분량을 채워가게 하신 하나님 아버지를 생각해 본다. 힘든 세월에서 믿음 잃고 넘어질 것이 분명하니 구역장 사명을 제일 먼저 맡기심으로 기도의 삶과 섬김의 삶을 살 수 있게 하시고, 지역전도회장으로 큰 사명도 맡겨주심으로 하나님 아버지의 큰 은혜를 깨닫게 하셨다. 하나님 아버지의 은혜를 바라보는 자로서 지금부터는 또 어찌 살아가지는 삶이 될지 기대하며 그것을 기다린다.

"하나님 아버지 감사합니다.
남편을 위하여 기도하게 하시니 감사합니다.
이전에 없던 큰 믿음과 열정과 성실함과 책임감을 허락하소서.
그 열정과 성실함과 책임감이 큰 능력이 되게 하셔서 가슴 벅찬 삶도 살아보게 하소서.
이제는 예배자로 기도자로서의 삶이 우선이 되게 하시고 삶을 연장시켜주셔서 책망 받을 자를 칭찬받을 수 있는 아들로 기회를 주셨으니 그 은혜를 깨달아 날마다 변화되어 가는 삶으로 아버지께 감사하는 인생 되게 하소서."

목사님을 통하여 말씀하신 교회를 위하여 당신의 아들을 데려다 쓰시겠다고 했던 그것을 하나님 아버지는 지금까지도 내 가슴속 깊이 품게 하셨다.

이제 곧 넘치도록 흔들어 부어 주실 물질에 축복과 지금까지 기도해보지도 못한 더 큰 기도의 제목을 찾게 하여 그곳에 쓰임 받게 하실 것을 믿음으로 바라본다. 그 축복을 보람 있게 누리면서 감사함으로 살게 하소서!

하나님은 이렇게 10년이 더 걸리도록 내 마음을 만지셨다. 잘난 것도 없이 잘났다고 착각했던 나를, 가진 것도 없이 다 갖고 살고 있다고 착각하는 나를, 나의 노력으로 나의 의지로 모든 일들이 되어져 칭찬 들으며 살았다고 여겨왔던 착각하는 나를, 하나님 아버지는 10년 세월을 통하여 구석구석 다 만지고 계셨다.

이제야 하나님 아버지를 향하여 기도하는 내가 되었다. 간절히 부르짖어야 할 기도의 제목이 생겼고 새벽마다 하나님 앞에 가고 싶은 목적이 생겼다. 기도의 분량을 채우시는 하나님이심을, 내가 기도하는 제목들보다도 더 크게 살게 하시려는 하나님이심을 이제서야 신뢰한다. 그래서 힘들어도 힘든 줄 모르고 그저 아침이면 일어나 교회 가는 것이 전부가 되게 나의 삶을 만드셨다.

이제는 울지도 화내지도 않으며 나 자신을 비참하다 여기지도 않는다. 나를 바라보시는 하나님 아버지를 나도 바라보며 마냥 어린아이처럼 행복하다.

평범보다도 못한 나를 주님은 교회로 불러내 가장 보배롭고 존귀한 자녀로 세워주셨다. 그만한 믿음 생활이 되어 드리지 못했음에도 불구하고 하나님 아버지는 나를 당신 안에 있게 하시고 확신하는 믿음 가운데 평안하게 살아가게 하셨다.

당신만의 방법으로 성전 문지기가 되게 하셔서, 사무실을 지키며 교회를 지키는 최고로 복 받은 삶을 허락하신 하나님을 나는 오늘도 찬양한다.

당신을 자랑하렴은

당신을 자랑하렴은
때가되면
다양한 모습으로 변화되어
자기 개발로 나타나는 모습이기 때문입니다

나만에 능력이 되고
축복이 되는 것을
결국엔
그것이 당신의 방법이었음을
자랑하고픈 것입니다

아침에 눈을 뜨고
일어나는 그 순간부터
당신에 말들을
나누는 복된 습관을 가져야 함을 배웁니다

늦은 저녁에
눈을 감을 때에도
당신에게 감사하는
마음에 습관이 필요함을 배웁니다

그래질 때에

나의 나다움이 어찌 변화되어져 가는지

나의 환경이 어떻게 달라지는지를

눈으로 직접 지켜 볼 수 있기 때문이지요

우리를 향하신

당신의 말씀이

하루에 시작이 되는 출발점이어야 되고

또

우리를 향하신

당신의 일 하심이

하루를 마감할 수 있는 종착역이 되어야 됨을 배웁니다

- 오늘도 당신으로 인하여 사는 것이 정말로 즐거워서 고맙습니다 -
김명란 시집 중에서

02. 풍년을 버리지도 못하고 품고 살아왔다

　지금으로부터 13년 전 남편이 사업장 문을 닫고 갑자기 살아 갈 길이 막막해졌을 때 장사를 해봐야 되겠다 싶은 마음을 가 졌다. 장사를 하고 있는 언니를 무조건 찾아 내려가서 며칠 동 안 장사를 거들며 일을 배웠다.

　음식에는 조금은 자신이 있었고 당장 이것저것을 가릴 형편 이 아니어서 그나마 할 수 있다는 감사하는 마음을 가지고 열 심히 꼼꼼하게 배워 가게를 시작했다.

　교구목사님께 먼저 말씀을 드렸다.

　"목사님! 제가 장사를 해보려고 합니다. 지금은 가게 인테리 어도 거의 끝나가고 있는데 가게 이름을 못 정했습니다. 담임 목사님이 지어주셨음 해서 전화 드렸습니다."

　"아, 그래요. 무슨 가게를 하시는데요?"

　"네. 보쌈과 족발 가게를 하려고 합니다."

　"네~~ 알겠습니다."

며칠을 기다리고 또 전화를 더 해봐도 시원한 대답도 없으셨고 직접 담임목사님께 전화를 드리라고 하셨다. 급한 마음에 큰 숨을 한번 들이 마시고 담임목사님께 직접 전화를 드렸다. 목사님도 내용은 이미 들어 아시고 계셔서 알았다는 대답을 해 주시곤 답을 곧 주시겠다고만 하셨다.

　며칠 뒤 다시 전화를 드리니 목사님은 풍년이라는 이름을 주셨다. 나는 생각도 못한 이름인데 생각할수록 너무 마음에 들었다.

　나도 나의 목자 되시는 목사님에 마음을 충분히 알 수 있었다. 목사님은 내가 족발집 하는 것을 반가워하지 않으셨을 것이다. 아니 싫으셨을 것이다. 형편이 너무 어려워진데다가 무엇이라도 해보려는 마음에 차마 다른 것을 해보라고 말씀하시기가 당신도 여간 고민이 되었을 것을 모르지 않는다.

　믿음도 어린아이 같고 마음도 순수하고 여리기만 한 그런 성도가 족발 집을 한다고 하니 처음에 많이 놀라셨을 것이며 또 하지 말았으면 하는 솔직한 심정이 짐작이 된다. 나도 사실 내 안에 이런 담대함이 잠재해 있었는지 의외였으니 말이다.

　풍년이라는 간판을 걸고 나는 고집을 부려 시작을 했다. 내 생각에는 족발 집과는 전혀 다른 생뚱맞은 이름인데도 이 이름이 그렇게 좋을 수가 없었다. 장사는 재미있었다. 하루에도 몇 개씩 배달주문이 들어오고 손님이 찾아오고 잘 되었다. 특히 새로 개발한 족발무침이 인기가 좋았다.

"아줌마! 여기 소주하나 더 주세요."
"네."

나는 그렇게 쟁반에 소주를 담아, 맥주를 담아 열심히 나르며 추가 주문도 받아내고 바쁘게 일을 했다. 저녁이면 남편이 일찍 퇴근해 배달을 도와주고 그렇게 금방이라도 부자가 될 것처럼 돈버는 일이 재미있었다. 십일조도 정확하게 주일마다 드릴 수 있으니 그렇게 기쁠 수가 없었다. 주일은 처음부터 장사를 안 하겠다는 생각으로 문을 닫았다.

구역권찰의 사명도 최선을 다해 감당했다. 걱정했던 것보다 꾸준히 손님이 찾아주니 용기도 생겼다. 입술이 터지고 입안에 물집도 서너 개씩 매일 생기는 고된 생활이지만 나는 이를 악물고 버텨내려고 애썼다.

두 아이를 아침에 유치원 보내고 집안 치워두고 가게로 나가는 생활이 싫지만도 않았다. 한 달이 지나니 처음보다는 적응이 되어졌고 술에 취해 들어오는 손님도 이젠 겁내지 않고 주문받는 요령도 생겼다. 문제는 남편의 친한 고향 친구가 한 분 있었는데 이분도 밤늦게까지 장사하는 친구였다.

그런데 어느 날 부턴가 장사를 다 끝내고 자주 우리 가게에서 늦은 저녁을 먹으며 꼭 술을 마시는 것이다.

장사를 하다 보니 친구 만나기도 어렵고 사실 술 한잔하기도 어려웠는데 아주 잘 만났다는 듯이 그렇게 자주 친구의 부부와 우리 부부는 같이 만나 한잔씩 하며 하루의 고단함을 푸는 관계가 되어가고 있었다.

나도 맥주 한잔 마시고 집에 들어가면 괜한 상념에 매이지 않고 바로 잠들어 버리는 것이 좋아서였는지 모이면 사양하지 않고 잘 받아 마셨다. 그렇게 내 영혼이 메말라 가는 줄도 모르고 내 손에 쥐어지지도 않는 현금을 만지면서 고된 시간들이 내 삶의 여정 속에 끼여 있었다.

목적이 없는 장사여서 그랬을까 풍년처럼 잘 되라고 이름을 지어 주셨는데 이름값도 못하고 몇 달 만에 장사를 접었고 어리석은 후회만 남겼다. 이제는 뭔가 다시 해보고 싶은 마음조

차도 없다.

내 손에 남은 것이 아무것도 없었고 내 눈에 보이는 기준이와 주영이 그리고 나보다도 더 많이 지쳐 보이는 남편과 내 안에 보이지도 않는 풍년이라는 이름뿐이었다.

가슴 깊이 새겨둔 풍년이라는 이름을 항상 잊을 수가 없었다. 잊어버리기엔 너무 아까워 나중에 무엇을 다시 하게 되면 꼭 이 이름을 걸고 해야지 하는 욕심을 품고 살아왔다. 그렇게 버리지도 못하면서 지금까지 막연하게 내 것으로 꼭 붙잡아두고 있었다.

이렇게 10여 년이 지나 교회 일을 하게 되고 하나님 아버지가 쏟아 부어 주신 은혜들을 찾아 글로 옮기면서 지금까지 버리지도 못하고 가슴 한켠에 품고만 있던 그 이름을 출판할 책 "은혜가 풍년인 여자"라는 제목으로 사용하게 될 줄은 상상도 못했는데 이렇게 현실로 맞이하게 되었다. 이 책의 제목처럼 나는 하나님 아버지가 주신 은혜가 풍년인 여자다.

"하나님 아버지 당신을 사랑합니다.

그리고 당신의 자녀여서 행복합니다.

은혜가 풍년인 여자가 이제는 이름값을 드러내게 하소서."

03. 이젠 또 다른 것을 기다려본다

　힘이 되어줄 말을 찾아 말해 주기도 귀찮아지고 싫을 때가 있다. 그러한 나 자신도 싫어지는 마음이 사실은 스스로를 더욱 힘들게 하는 것 같다. 진심을 담아 보내는 말과 글들이 받아들이는 입장에서도 지치게 할 수 있음을 나는 지금 모른 척하고만 싶다.

　살다보면 마음이 지칠 수 있다는 것을 이제야 알았다. 마음이 지치면 관심이 없어지고 관심이 없어지면 기대와 바람도 사라진다. 서로 다투면서 불평도 하고 불만도 토해냄이 어쩌면 더욱 자연스럽고 정을 이어가는 끈이 될지도 모르겠다. 한결같이 참아주면서 이해해주면서 마냥 기다려주는 것도 사실 쉬운 일은 아니다.

　나도 모르는 사이 침묵하게 되고 무관심하게 되고 바람과 기대를 상실해 가는 자신을 어느 순간 발견하게 되면 그때서야 그것에 익숙해져 있는 자신을 보게 되는 것이다. 그렇게 변해져 있는 지금이 어쩌면 가장 힘든 나를 보게 되는 것 같다.

　믿지 않는 배우자를 만나 전도하는 삶도 귀하겠지만 믿음 좋은 배우자를 만나 일평생 하나님의 일을 함께 바라보며 같은 기도제목을 놓고 기도하는 믿음의 삶을 산다면 더 보람되고 가슴 벅찬 가치가 되지 않을까 하는 생각을 해본다.

종교가 다르고 믿음이 다르면 힘든 인생이 된다. 믿음 없는 배우자를 교회로 전도하고 함께 예배드릴 때 오는 감사와 겸손은 왜 그렇게 빨리 잃어 버려지는 걸까!

교회를 섬기면서 예배를 드리고 함께 믿음의 그릇이 되어 지고 싶은데 그것을 욕심으로만 두는 것과 기도하며 무작정 기다리는 것 모두가 얼마나 지치게 하는지 모르겠다.

하나님 앞에 섰을 때 "너는 일평생 무엇을 하다 왔느냐?" 하시면 대답할 말이 없다. 혼자서 자신을 볶아대면서 산 것만 같다. 열심히 살아낸 것 같으면서도 실상 보이는 것이 아무것도 없어 참으로 답답하다.

내 맘대로 내 생각대로 안 된다고 얼마나 나를 지치게 하면서 또 사실 지쳐 살아왔는지 안타깝다. 그냥 그대로 두면서 그런가 보다 하면서 살았다면 더 좋았을 것을 하는 생각을 해 본다.

때로는 하나님 앞에 성큼 갔으면 하는 바람도 있지만 한편으로는 아무것도 한 것이 없이 어찌 가서 책망을 들을까 하는 걱정을 하게 된다.

04. 하나님 아버지께 약속한 것들이 있다

　사례비를 받아 대출금을 갚아나가고 적지 않은 이자를 내며 두 아이를 양육해 가는 모습은 때로는 억척을 지나 미련 맞아 보일지도 모르지만 나의 하나님 아버지는 꼭 그만큼만 쓰고 살 수 있도록 해 주신다.

　동생이 천국 갈 때에 어린아이처럼 나는 그 어느 교회도 다시는 찾아가지 않겠다면서 하나님 아버지의 마음을 아프게 하고 순간적으로 담임목사님의 마음을 근심케 했다. 그것이 너무 죄송하고 죄송해서 나는 마음속으로 "하나님 아버지 교회 직원으로 10년만 다니겠어요." 라고 무언의 약속을 했었는데 이제 그 약속도 곧 지켜질 것이고 그러는 가운데 염두에 두지 않았던 두 아이의 고등 교육이 끝나간다. 그동안 남편이 벌려놓은 일들도 깨끗하게 다 마무리 될 것이다.

　10년 사역이 끝나면 하나님 아버지는 나를 또 어찌 살아가게 하실지 궁금하기도 하지만 이번에는 내가 먼저 하나님 아버지께 내가 어찌 살고 싶은지 이젠 그렇게 살게 해 달라고 수없이 편지를 써 보내 놨다.

하나님 아버지는 외면하지 않으시고 다 기억해 두셨다가 더 많은 것을 보태어 허락하실 삶임을 나는 안다.

그래서 지금의 고단한 삶이 결코 고단함으로 느껴오지 않음이 이유일 것이다.

당신께만 편지를 써 봅니다(1)

당신께만 편지를 써 봅니다
저의 사역이 끝이 나면 이렇게 살도록 허락해 주세요

우선은
건강한 육신으로 전원생활을 해보고 싶어요
마당이 넓은 정원도 가꾸고
저에게 맞는 텃밭도 가꾸어 봤음 해요
여름 채소, 가을 채소는 제 손으로 키워보고 싶어요

감나무도 있게 하셔서
가을엔 감도 수확하게 하시고
단풍나무도 있게 하셔서

가을엔 단풍나무도 쓸어보고 싶어요
그렇게 흙을 밟으며
늙은 할미가 되어 어울릴지 모르지만
이어폰을 끼우고 음악을 듣기도 하며

또
시를 적으며 계절 따라 나의 마당을 산책하고 싶어요

아주 가끔은
혼자만의 여행도 즐겨보고 싶어요
운전도 배워서 차도 끌고 다니고 싶고요

지금까지는
물질 때문에 걸림이 많았지만
이제부터는
물질이 오히려 디딤이 되어 많이 누리고 나누게 해주세요

또 아주 세련되고 멋지게 늙어가고 싶어요

당신께만 편지를 써 봅니다(2)

조용하고도
평안한 일상 가운데에서도
할 일을 찾아내게 하시고

당신의 자녀답게 그렇게 살다가
당신 곁으로 잘 찾아가게 해 주세요

욕심이 많은 것은 당신도 잘 아시잖아요

책이 꽉 찬 책장과
큰 창문이 있어서
넓은 마당이 내다보이는 방은 꼭 있어야 해요
거기서 계속 시를 쓰면서
내 이름으로 된 시집들이 더해지는 기쁨도 누리기를 원해요

외롭게 살게 두지 말아 주세요
당신이 허락하시면
내 맘껏 위해주고 아껴주고 싶은 이가 옆에 있음 좋겠어요

그리고 당신에 집이 옆집이면 더욱 행복할 것입니다

- 오늘도 당신으로 인하여 사는 것이 정말로 즐거워서 고맙습니다 -
김명란 시집 중에서

194 / 은혜가 풍년인 여자

05. 하나님 아버지 이젠 건축헌금을
　　드리고 싶어요

　교회가 성전을 건축한다고 공표를 하고 많은 사람들 속에 나도 끼여서 건축헌금을 작정했다. 그때까지도 하나님 아버지의 도움으로 전세 2500만 원에 살아오면서 나는 2000만 원을 건축 헌금으로 드리겠다고 작정을 하고 하나님 아버지께 약속을 해 버리고는 혼자 근심 아닌 근심이 많이 되었다. 그나마 있는 믿음도 잃어버리게 하면 어떡하나! 그렇지 않아도 힘들어도 버티고 있는 사람인데 실족하는 믿음이 되어버리면 어떡하나! 생각하면 생각할수록 보통 문제가 아니었다.

　남편에게 건축헌금 작정한 것을 몇 달 동안 말도 못하고 혼자만 속을 끓이고 있었다. 건축헌금을 드리려면 2500만 원 전세에서 500만 원 월세로 가야 되는데 그것을 어떻게 싸우지 않고 설득할 수 있을지 고민이었다.

　어떻게 해야 같은 마음과 믿음으로 헌금도 드리고 또 실족하지 않는 믿음생활을 해 나갈 수 있을지 밤잠을 못 이루며 궁리를 해보아도 뾰족한 방법이 전혀 떠오르지 않아 하루하루 시간만 보내고 있었다.

그러던 차에 집주인이 사정이 생겨 집을 팔아야겠다고 우리 보고 집을 사라고 한다.

나는 더는 숨길 수가 없어 어차피 이사를 해야 되는데 부딪혀 보자는 마음으로 성령께서 우리에 대화를 간섭해 주시기를 바라며 남편에게 말을 했다.

"여보! 사실은 저번 설동욱 목사님이 오셔서 부흥회 할 때 내가 건축헌금을 작정을 했어요."

"얼마나 했는데."

"크게 하고 싶었는데 우리에게 있는 것이 별로 없어서 2000만 원 밖에 못했어요."

"…"

그렇게 한동안 말이 없던 남편이 말을 한다.

우리가 집을 팔고 전세로 가면 몰라도 아이들 둘을 데리고 월세로 가는 것은 방법이 아닌 것 같으니 이왕 드리기로 약속한 거니까 좀 시간을 갖고 천천히 드리도록 하자고 한다.

"할렐루야! 하나님 아버지 감사합니다."

일단 남편한테 말을 하고 나니 이제 그것은 내 문제가 아닌
것 같았다.

하나님 아버지는 그 마음도 흡족하셨을까 이번에는 2500만
원을 가지고 집을 사게 하셨다. 처음부터 집을 사려고 한 것은
아니었는데 이사하려고 방을 구하러 다녀도 이돈 가지고는 전
세방 구하기도 무척 어려웠다.

그날도 한 부동산에서 큰 지도를 처량 맞게 쳐다보고 있었
다. 기준이가 초등학교 2학년이었기 때문에 나는 '신호등만 안
건너는 집이면 된다.'라는 생각으로 그런 집을 찾아보는 중이
었는데 그런 집이 딱 하나 있긴 있다고 하면서 일단 가보자고
했다.

찾아가 보니 도배며 장판까지 새로 다 해 놓은 28평 정도 되
어 보이는 집을 보여주는 것이 아닌가! 그것도 전세가 아니고
매매란다.

나는 우린 돈이 없어서 여기 올 수 없다고 하는데 그분은 들
어 갈 수 있는 방법을 이야기를 해준다. 고민을 안 할 수가 없
었다.

'그래, 언제 내가 계획대로 살았나. 또 한 번 질러보자. 하나

님 아버지가 가만히 보고만 계시지는 않을 거야'라는 막연한 믿음만을 가지고 이사를 했다.

하나님 아버지는 나의 이름으로 집을 사게 하셨다. 이것이 아버지의 은혜이고 아버지의 방법이신가 보다.

평수가 넓고 값비싼 집은 아니지만 하나님 아버지가 주신 집이라 생각하니 내겐 이 집이 정이 가고 좋았다. 벌써 8년을 살고 있는 집이다.

미약하지만 대출금을 갚아가면서 이자도 제 날짜에 잘 내면서 살아왔다. 무엇보다 기준이와 주영이가 활발하고 씩씩하게 신호등도 하나 건너지 않고 초등학교를 다녔고 지금까지도 잘 자라주어 감사하다.

살아오면서 건축헌금 때문에 순간순간 마음이 편치 않았는데 더는 미루지 말고 건축헌금을 드려야 되겠다는 생각이 앞선다. 지금도 한 푼 없기는 마찬가지지만 기도하며 방법을 찾아 고민하고 있다.

하나님 아버지 앞에 결심하고 약속한 것들이 너무나 많다. 이제는 아무 약속도 하지 않으려 한다. 또 하나님 아버지의 사람들에게 지켜야 할 약속들도 적지 않다. 어찌 그 말들을 지켜

갚아나가야 할지 때론 잠을 설칠 때도 많지만 드리려고 하는 마음만 있으면 드릴 수 있다는 것을, 약속을 지키려고 하는 마음만 변치 않고 가지고 있으면 그 약속도 끝내는 지켜질 것임을 나는 잘 안다.

그렇게 하나씩 하나씩 찾아 약속들을 지켜가다 보면 어느새 하나님 아버지 앞에 가 있을 것 같다. 그랬으면 좋겠다. 다 지켜내고 하나님 아버지한테 갔으면 참 좋겠다.

06. 천국에도 비가 올까?

결혼해서 친정집에 가면 왜 자꾸 볼 때마다 살이 빠지냐고 성화하셨던 엄마가 돌아가신지 꼭 10년이 되었다. 이제껏 살아오면서 얼마나 엄마가 그립고 보고 싶은 때가 많은지 모른다. 속상한 마음이 삭혀지지 않을 때마다 찾아가던 친정집이 이젠 없다.

'엄~마~!' 하고 부르며 들어가 철부지 두 애들 다 맡기고 내어주는 베개를 베고 돌아누워 소리 없이 눈물을 흘리며 한숨 깊이 자고 나면 별 반찬이 없다고 하면서 차려주던 밥상이 사무치도록 그립다.

그 사이 아버지는 근처에 재래시장에서 이것저것 사들고 오셨는데 그런 아버지도 이젠 없다. 내 살아온, 살아가는 형편을 조금이라도 아시면 당장이라도 몸져누우실까 봐 힘들다는 한마디 말도 못하고 그렇게 돌아오기가 일수였다. '제일 똑똑한 것이... 제일 잘 살줄 알았는데...' 하시는 말씀 끝에 나오는 낮은 한숨은 나를 얼마나 초라하게 만들고 지금까지도 마음을 아프게 하는지 모른다.

그러던 엄마가 천국에 가실 것을 아시고 준비를 하신다. 찾아 갈 때마다 엄마는 내 손을 꼭 잡아 주시면서 말씀하신다.

"명란아! 고맙다"
"응, 뭐가?"
"다. 다 고맙다."

그 한마디 속에 많은 엄마와 나 만에 깊은 사연을 가슴속에 묻고 그렇게 우리 모녀는 두 손을 꼭 잡고 말없이 서로의 눈을 깊이 바라보던 때가 많았다.

"아버지 잘 부탁한다."
"너희 사 남매 흩어지지 말고 살아야 한다. 콩 한 쪽도 나누어 먹으며 살아야 돼."

우리 형제들이 번갈아 가며 찾아 뵐 때마다 똑같은 말로 그렇게 당부를 하셨다. 바빠서 아직도 교회 나가지 못하고 있는 오빠에게는 천국에 꼭 와야 된다고 한 가지를 더 당부하셨다.
큰아들이라고 얼마나 사실 편애를 했는지 오빠도 잘 알고 있을 것이다. 그런 오빠를 혹여 잃을까봐 정신이 돌아오실 때마다 얼마나 노심초사했는지 우린 잘 알고 있다.

엄마와 아버지가 살아계셔서 나의 이 글을 읽게 된다면 아마도 나는 쓰지도 않았겠지만 사실 또 그것이 다행이기도 하다.

당신 자식이 그동안 혼자 속을 끓였을 것을 생각하면 어느 부모가 그 속상함을 이겨내시겠는가. 또 모른 척할 수밖에 없음도 당신이 더 잘 아시겠지만 얼마나 그 마음이 아프시겠는가. 그럼에도 기준이와 주영이를 예쁘고 건강하게 잘 키워내서 잘했다고 그래서 고맙다고 하실 것이다. 그렇게 잘 참고 살아내서, 살아줘서 그것도 고맙다고 그렇게 말씀하실 엄마의 성품인 것을 그리곤 혼자 돌아서서 당신 딸이 살아옴이 가엾어서 뜨거운 눈물을 하염없이 흘리실 그것을 나도 잘 알지만 그렇다고 어쩌겠는가!

참으로 인생이 그런가 보다. 오빠와 언니가 나의 글을 읽고 이제야 살아온 삶을 또 알게 되겠지만 그것도 어쩌겠는가! 내가 선택한 나의 삶이고 결국 내가 책임져야만 했던 삶이었음을... 이제는 그것도 옛이야기로 남아진 것을...

천국에도 비가 왔으면 좋겠다

천국에도 비가 올까
천국에서도 비가 왔으면 좋겠다

시골에 고향 미사리
그 바쁜 시골에서는
비가 내려야만 온 식구가
한자리에 모여 앉을 수 있었다

그런 행복을 주는
그러한 추억을 만들어줄 수 있는 시간임을
그 또한 당신의 선물임을 깨달은 지가
사실 얼마 되지 않음도 사실이다

아주 가끔은 어린아이가 되어
어린아이였을 때에 엄마 품이 그리워서일까
힘 센 엄마가 너무 보고 싶어서일까
시골 미사리에 가 있고 싶어진다

천국에도 비가 왔으면 좋겠다
한자리에 모여 앉아 있을 그리운 천국 식구들이 그려진다

그곳에서는

이 세상에 남겨진 식구들을 이야기하며 또 그리워들 하겠지

이 아름다운 세상에서 비가 오듯이

저 천국에도 가끔은 비가 내려 온 식구들이 모였으면 좋겠다

- 함께 걸어감이 이리도 행복일 줄이야 -

김명란 시집 중에서

07. 하나님 아버지가 허락하신
   참된 복을 찾았다

　엄마와 아버지는 늦은 결혼에 10년이나 늦게 낳은 자식들이라 귀하게 키워오셨다. 우리들에게 소리 지르셨던 기억도 없고 그 옛날에는 부모들이 자식에게 욕도 많이 했는데 욕 들어 본 기억도 없다. 누워 계신 모습의 기억도 없다.

　베개를 들고 벌섰던 기억, 소죽 쑤던 아궁이 앞에서 생고기 구워서 굵은 소금 찍어 하나씩 입에 넣어주시던 기억, 추운 겨울에 소머리를 통째로 삶아 큰 돌로 눌러 바구니에 담아 광에 두었다 한밤중에 우리들에게 조금씩 썰어다 먹이시던 기억 등 여러 추억들이 참 많다.

　그 옛날 그랬던 엄마와의 추억을 떠올리면서 기준이와 주영이는 엄마를 어떻게 기억할까! 또 삶이 고단하고 힘들고 지칠 때마다 내가 낳은 새끼들은 어떤 기억으로 힘을 얻을까 하는 생각을 해 본다.

　힘들고 지칠 때마다 예배자로 기도자로 찾아갈 몸 된 교회가 있고, 나를 위해 간절히 기도하시는 참 목자가 계시고, 함께 힘을 모아 섬기는 지체된 성도들이 있어 힘을 얻을 수 있는 기준이와 주영이가 되길 바란다.

엄마인 내가 그랬던 것처럼...

나는 자라면서 집에서 예배를 한 번도 드려보지 못했다. 좀 더 일찍이 예배의 소중성을 깨닫지도 못했다.

그러나 기준이와 주영이는 대심방예배, 가정예배, 구역예배 또 교회에서 드리는 예배를 모태부터 눈으로 보고 귀로 들으며 자라왔다. 이것이 얼마나 큰 축복인지 잘 알아질 때가 있을 것이다. 또 목자 되신 목사님을 잘 섬기는 삶이 얼마나 복된 삶인지도 곧 깨달아질 것이다. 그렇게 드려지는 예배와 기도와 섬김으로 하나님 아버지께서 허락하시는 믿음의 삶을 살아갈 것이니 참으로 나는 감사하다.

앞으로 살아가면서 힘들 때도 있을 것이고 때로는 내려놓아 버리고 싶은 일상과 책임감도 있어야 할 것이다. 그러면서 행복하고 좋은 일도 많이 있을 것을 기도한다.

무슨 일을 만나든지 우리를 도우시는 하나님 아버지를 바라보며 감사기도를 하던 엄마의 모습을 떠올리면서 그렇게 하나님 아버지를 끊임없이 찾을 수 있는 기준이와 주영이가 되길 기도한다.

엄마보다 더 일찍 하나님 아버지를 만나서 더 많이 사랑하고 교회와 주의 일을 위하여 일찍이 쓰임 받는 자녀가 되기를 소망하던 엄마의 기도보다 더욱 성숙한 신앙인으로 살아가게 될 것과 일상과 삶에서 더욱 성실하고 책임을 다하는 한 사람의 건강한 인격으로서 하나님 아버지께 감사하는 삶을 살아가는 기준이와 주영이가 될 것을 또한 기도한다.

그것이 하나님 아버지가 나를 생각하사 나를 위하여 허락하신 가장 큰 축복임을 깨닫는다.

"바람에 흔들리지 않고 피는 꽃이 어디 있으랴"는 시 제목이 나의 마음을 울컥하게 한 적이 많이 있었다. 오늘도 그 글귀가 나의 맘속에서 맴 돈다. 참으로 많은 바람이 불어와 나를 마구 흔들 때마다 힘없이 마냥 흔들리면서도, 진하지도 못한 기도의 향기를 발하며 묵묵히 맡겨진 일들만을 감당할 수 있었음은 모두가 하나님 아버지의 은혜였음을 자랑하며 감사드린다.

좋은 책들을 통하여 그 속에 담겨져 있는 메시지처럼 깊은 우물일수록 더욱 시원하고 단맛이 나는 좋은 물이라는 것을 알았다. 또 그러한 사람이 되어 그런 삶을 살 수 있을 때 그 주변으로 많은 사람들이 모여드는 것을 알았고 배웠다.

고단한 삶이라 느낄 때마다 바람에 흔들리며 피는 꽃을 떠올릴 것이다. 또 내 주변에 하나님을 믿지 않는 영혼들이 떠오를 때마다 시원하고 깊은 우물가로 사람들이 모여듦을 떠올릴 것이다. 이제는 그렇게 깊은 믿음으로 주님이 기뻐하시고 나도 행복할 수 있는 시원하게 일하는 남은 교회직원의 삶을 살아내고 싶다.

내 마음이 그것을 모르지 않거늘

당신이 주신 것이
최고이며 최상이며 완전한 것임을
인정하며 감사해야 한다고
또한 가장 아름다운 것이라고
그럼이 당신에 대한 예의라는 생각을 해보는데

맘대로 꿈꿔보던 일탈들
맘대로 그려보던 그림들
결국엔 허무한 것임을
더욱더 강력해지는 허무함임을 이젠 알았을까

내 마음을 지키는 것이 축복이며
내 마음을 지키는 것이 평안함인 것을
내 마음이 그것을 모르지 않거늘

내 맘이지만
내 맘대로 되어지지 않았던 많은 시간들
내 맘대로 되돌려보려고 애썼던 많은 시간들
이젠 그냥 이대로 당신 앞으로 나아가고 싶다

생각은 생각 그대로 두는 것이
마음은 마음 그대로 두는 것이
잠잠해 질 때까지 이대로 그냥 있어보는 것이
지금은 가장 좋은 방법임을 알았나보다

그리우면 그리움 그대로
안타까우면 안타까움 그대로
속상하면 속상함 그대로

야속하면 야속함 그대로

그저 지켜보며 잘 살아지길 바램밖에
그저 기다리며 지나가길 바랄 수밖에
그것이 할 수 있는 책임이라는 것을
그것을 내 어찌 모르겠는가

- 오늘도 당신으로 인하여 사는 것이 정말로 즐거워서 고맙습니다 -
김명란 시집 중에서

글을 정리하며

책을 써보겠다는 도전을 품은 것도 사실 가상한데 정말 글을 쓰기 시작하니 내 안에 이런 열정이 있었나 싶을 정도로 참으로 놀랍다. 일기장에 일기를 쓰듯 많은 글들을 써놓고 감동이 되거나 추억이 되어 눈물을 흘리기도 하면서 너무 부끄러워 차마 표현하지 못하는 것들도 많이 있음을 들여다본다.

글의 분량이 채워져 갈 무렵 나는 창밖을 내다보는 날이 많아졌다. 출판하겠다는 용기를 넘어 욕심이 '과하다'라는 생각을 여러 번 하며 지금도 갈등하고 있다.

대책 없는 도전과 용기로 꿈을 이루었다는 기쁨보다는 이후에 예상 못한 비평받을 두려움을 어떻게 지나 보낼지도 괜히 걱정해 보는 겁쟁이가 내 마음에 지금 공존하고 있다.

모든 일들과 일상들은 내 의지로 선택되어 삶이 만들어지는 것처럼 환경과 형편이 그것들을 선택하기 보다는 내 안에 있는 용기가 선택할 수 있도록 나 자신을 격려하며 살아왔다.

문득문득 내 앞에 뛰어와 서서 선택해 주기를 기다리는 것들이 많았음도, 도전해 보고자 하는 용기가 부족해 욕심으로만 그치는 일들이 참으로 많았음도 글을 쓰면서 회상해 본다.

결코 짧지도 그렇다고 해서 남보다 많은 인생을 살아냈다고도 할 수 없는 인생의 여정에서 이제는 도전해보는 용기만이 기적의 주인공이 되어줄 삶을 만들어낼 수 있음을 알았고 그것이 얼마나 귀하고 소중한 기회가 되는지도 조금은 배웠다. 그 용기로 남은 삶을 이어가고 싶다. 누구에게 보이기 위한 삶이기보다 내가 행복한 내 삶이고 싶다.

힘들고 고단한 삶을 피해 가기보다는 좀 더 가치 있고 보람될 수 있는 여정을 선택하고 싶다.

지나온 삶을 드러낼 만큼 자랑스러울 것이 없지만 지금까지 함께 하시며 나를 끊임없이 지켜주신 하나님 아버지의 은혜만큼은 드러내어 자랑하며 영광 돌리는 삶이 되어야 한다고 생각하니 출판을 고민하던 일이 깔끔하게 정리가 되었다.

그럼에도 잠을 이룰 수가 없음은 별 볼일 없는 글을 가지고 또 이보다 더한 삶도 잠잠히 살아온 이들이 있을 텐데 하는 찔

림과 뜻하지 않은 독자의 비평으로 추락할 수 있는 감정도 미리부터 겁을 내고 있나 보다.

별 볼일 없는 글에도 감동하고 위로가 될 사람이 분명 있을 것을 바라보며 추락할 수도 있을 감정도 잘 극복해 낼 수 있는 담대함이 때를 맞추어 나를 찾아와 줄 것이라 믿으며 수북이 쌓인 원고들을 바라보면서 하나님 아버지의 은혜에 푹 잠긴다.